悩みの9割は読書が解決してくれる

文芸評論家
谷沢永一

【十五歳】

【二十歳】

【三十歳】

【四十歳】

#【十五歳】

柳田国男『木綿以前の事』　岩波文庫

●前人未踏の思い遣り史学

むかし日本人が日常に用いる食器は白木の椀であった。はじめから手触りが滑らかでなく、毎度いくら洗っても水垢が次第にこびりつき溜って黒みがかってゆく。それも仕方がないと諦めていたところへ、つやつやとして白く光る瀬戸物の茶碗が、それほど無理せずともよい価で入ってきた時の喜びはいかばかりであったろう。かちりと前歯にあたる陶器のかすかな響きの快い食事の際には、家の中にも光が映える楽しみは格別であったと思われる。

その時分からようやくひとりひとりが盃を持てるようになった。それまでは、黒田節に唱われているような朱色に塗った大杯しかなく、それを一同が順に廻し飲みした。

一般に、酒三献と言うように、最初の三回は飲める機会が全員に均等である。けれどもそれ以後は、誰ぞお肴を、という声がかかり、芸に心得のある者がひとさし舞えば、その御褒美に盃が来てまた飲める。しかし唱えず舞えない無調法な人は、いくら待っても盃は廻ってこないので、喉が鳴っていても飲めなくて何とも情けない。

徒然草に、僧となれば法事のあとに宴があるから、その時の用意に舞曲を習っているうち、お経の勉強をする閑がなかったという、奇妙な笑話が記されているのは、多人数が集まる決められた日にしか、酒が飲めなかった時代の伝説である。

醸造の技術が進んで酒屋が店を開き、好きな時にひとりで酒が飲めるようになったのは、盃というあの小道具が世に現れたこそであり、当初は濁り酒しかなかったのに、奈良の僧侶が清酒を醸す方法を発明したおかげで、日本人は悪酔いの心配なく酒を楽しめるようになった。

このように歴史が記録していない生活の移り行きを調べながら想像をめぐらし、英雄豪傑ではない我が国民が、日常生活をどのようにして暮らし、何を喜びとしてまた悲しんだか、日本人の生活感情に寄り添って共鳴し、我が国びとがどのように生きてきたか、日本特有な人情の底に潜む感性の揺らぎを、少しでも明らかにしようと、生涯をかけて努めた柳田国男の代表作、日本人の感情をうかがい知るための入門書として、わかりやすく説いたのがこの一冊である。

木綿の着物が流布するまで、貴族も一般人も麻を着ていた。ごわごわしてどうにも厳めしい。木綿を着るようになって、身のこなしが以前よりはっきり外に現れた。女性の柔らかく艶めかしい身体の曲線が、身動きのたびに否応なく目に映る。木綿の着衣によってはじめて、日本人は女性美に目覚めて感動した。

のちに仏蘭西《フランス》の印象派を生むようになる浮世絵の、日本ならではの微妙繊細な感受性は、木綿によって女性の魅力を発見したゆえの、世界に誇れる日本人ならではの感性が深まり成熟したゆえである。

人間の幸福は、必ずしも世間に名を広く知られる栄達によって得られるのではない。限りある生涯の一日一日を、気持ちの触れあう人たちと気分楽しく交流し、家族の親しみを心の中に育んでゆく、日常生活の満ち足りた安らぎを心の糧として、明日に期待する向上の意欲ではないだろうか。

歴史に名を残した著名人は偉かろう。しかし競争に明け暮れて忙しく慌《あわただ》しい傑物たちの、精神生活が安らかに余裕のある幸福な一日一日であったとは、必ずしも保証できぬではないか。柳田国男は、歴史の表舞台に現れない女性と一般人の暮らし向きを、できるだけ捜し求めようと努めた。

合戦の騒《ざわ》めきと政治の暗闘は明白に伝え残されている。けれども一般人の生活は記録されなかった。常にほんの僅かな手掛かりから想像をめぐらすしかない。その発想は深い同情心と思い遣りに支えられている。柳田国男は、前人未踏の、思い遣り史学を創造した。

少数の、運よく成功した人に拍手を贈るよりも、多数者の幸福を僅かでも増すために、何をどうしたらよいかの工夫に真心をこめて、じっくりと思案するのが人間本来の路ではないか。

むかし支那《チャイナ》には科挙という制度があった。よほど富裕な家に生まれた秀才が、四書五経と呼ばれる厖大な聖典を、十年以上もかけて丸暗記し、首尾よく合格すれば高級官僚となり、宮廷の高官となるか、または地方へ知事として派遣される。任地では徴税の全権を握り、苛酷に取り立て蓄財に励み、一族が三代のちまで豪奢を誇る。ただし任免権は皇帝にあった。

現代の米国《アメリカ》では、大統領が替るたび、上層官僚数千人が辞職を命じられ、新たな数千人が任官する。したがって官僚の権限は永続しない。これが民主主義の政体である。

我が国ではいったん省庁に採用されたら、一生の身分保証が確立していて、議会も内閣も官僚を任免できないので、官僚が政治の実権を握っており、民意が反映されることはない。実態に即して命名すれば、官主政体である。そこで学校秀才は一生懸命に勉強して官僚になり、国家のあらゆる利権にありつくため血眼になる。

柳田国男は、学問とは何か、と根本から問いかけ、人は何の為に勉強するのか、と考えこんでいる。この広い世の中に暮らす多数者を助ける気持ちで、本を読み努めるのでなければ、我が国の次の代、またはその次の代は、今より幸福にはならぬのである、と記した。思い遣りの気持ちに欠ける人柄を、世間は決して尊敬しないであろう。

ただし柳田国男には、折口信夫の投稿論文を剽窃《ひょうせつ》（池田弥三郎『私説折口信夫』昭和47年）したり、門下生が独自の説を立てるのを厭うて遮ったりなど、好ましからぬ性癖もあった。学問の成果と学者の人格とは必ずしも相似形をなさぬらしい。

徳田秋声『あらくれ』『縮図』

岩波文庫

●嘘も飾りも誇張もない普段着の小説

人生が仕立ておろしのセビロのように、しっくり身に合う人間にとっては、文学は必要ではないし、必要でないことはむしろ自慢してよいことだ、と作家の吉行淳之介（『軽薄派の発想』および『「私」のいる風景』昭和57年）が記した。小説、ひいては文芸が、万人にとって人生の必需品であるとは言えない。心に何か満たされぬ空間がポッカリあって、渇いた人が水を求めるような心境にある時にのみ、小説がその人にとって何か役に立つ場合もあろう。

また、一般に知的好奇心と呼ばれている欲求に基づき、心を惹かれる何かを胸の中へ取りこむために小説を読むという局面もある。また、私たちがまだ若かった遠い昔、知的虚栄心とでも言うしかない心の疼《うず》きに駆られ、あれもこれも読みたいと漁る姿勢もあった。

現代は、楽しむ、という言葉が、テレビなどで一日に数えきれぬほど繰り返されているのから察すると、楽しむために小説を読むという志向が大勢を占めているのかもしれない。それは文明社会に特有の平穏な生活の一部をなす。

機知《ウィット》の巧みであったピエール・ルイが、或る小篇《コント》の中で、ギリシア文明と近代文明が生んだ快楽を比較して、近代人は新しい逸楽を唯一つしか発明しておらぬ、と言ったのに絡んだアルベール・ティボーデ（『小説の美学』邦訳昭和15年）が、ピエール・ルイはもう一つの新しい快楽、もしくは快楽の時間つぶしを忘れていた、と指摘している。ギリシア人は煙草も喫わず小説も読まなかった。どちらもその当時はなかったのである。

この一事からも解るように、小説の発生は比較的新しい。それゆえ食物や衣類のように、人間の生存を支える絶対の必要物件ではなかった。したがって、絶対に読まなければならぬ、などと強迫観念に脅えるまでもないであろう。

それなのに、人はなぜ小説を読むのか。自動車の発明が走行の便利を与えてくれたのとは少し違う。時間の限られている我が人生で、そんなに複雑で広い方面の異なる生き方ができない一本調子でしかない生活の途次に、自分とは全く別の次元で生きた人の人生を、疑似体験として味わい知る空想旅行のような、転身の夢を叶えてくれる手段として、おだやかな喜びを与えるからであるかもしれない。

ただし、この欲求と満足は、小説を読む動機のすべてではない。もっと洗練された知的遊戯のように愛好する人もあろうし、さらにはまたもっと広い分野に突き進んで、伊勢物語や好色一代男や南総里見八犬伝が、その当時なぜどのように面白かったのかと、さまざまに手を尽くして考える考証研究の方法も、遥か以前からさまざまに工夫し練られてきた。

以上は、実に多様な小説への接し方に、底辺で共通する一般的な要素を探し、それを敢えて一言に要約するなら、或いは疑似体験と言えるのではないかと思案したまでの独断である。大方の御賛同を得たいと出しゃばっているのではない。まあ、そういう風にでも言うしかないのではなかろうかと考えただけのことである。そして、つまりは徳田秋声の実に沢山ある小説群の存在理由《レゾンデートル》を、何とか言い立てようとしたゆえの窮余の発言である。

明治時代にいちばんよく売れた小説家は村上浪六である。ただし、浪六ものは謂わゆる大衆向けとしていささか蔑まれた。逆に知識階層の間で最も評判の高かった作家は尾崎紅葉である。しかし上品か下品かの詮議は別として、両者の叙述が虚構《フィクション》である点では特に変りはない。

近代期の作家で最も尊敬され神様のように祭りあげられているのが夏目漱石である。日本人に限らず人間世界では、いつも信仰の対象として神聖な存在を必要とするらしい。もし身近に見当たらなければ、誰かを創り出したり思いを膨らませ誇張して、何が何でも祭りあげる。

我が国では実在しなかった聖徳太子と作られた伝説の衣で包んだ弘法大師が雙璧《そうへき》である。文学史にもやはり神様が必要なので、さまざまな偶然の条件が重なった揚句、たまたま漱石がそれに選ばれた。こうなったらもう批判の余地はない。

何処かの大学で教職に就きたいと望む人があるとする。その人が葛西善蔵をどれだけ深く研究したところで、遠方の大学におけるさまざまな方面を専攻する学者の寄り合いである教授会で、どれほど言葉を尽くして推薦しても、ほかの教授たちに到底理解してもらえない。けれど、あの偉大なる漱石を研究している人ですと保証すれば、みんな肯いて賛成が得られる。そういうわけで漱石研究と題する著書は今後も増えること間違いなしである。

けれども、中味はお経を誦《よ》みあげるように型が決まっていて、私があとで挙げる一冊を除いては何の独創もない。世間の通り相場および評判とは常にそういうものである。

そのような状況の中で、徳田秋声の立場はたいへん損である。秋声は、はじめて評判を得た明治四十四年から、『縮図』を未完とした昭和十八年の死去まで、この長い長い間、日本国民の、当時は庶民と呼ばれた一般層の生活を、ことこまやかに誇張せず地味に徹して書き続けた。

さきほど敢て私が持ち出した擬似体験論の見地からすれば、その全作品は嘘も飾りも誇張もない日本国民の生活史である。身につまされる、と言えば、これほど身につまされる小説は、明治以後この人しか書かなかった。

八木書店が奮発して刊行した全集は四十四冊に達する。そのすべてを読むのは無理に決まっているけれど、その何篇かを摘み喰いしていただければ、日本人の生活感情に生で接する絶好の機会となるであろう。変った技巧《テクニック》も華やかな主義主張《イデオロギー》も見られぬ普段着の小説だって世にありうると実感していただきたい。

アンドレ・ジッド『女の学校』『ロベール』『アンドレ・ジッド代表作選』4

――若林真訳　慶応義塾大学出版会

●女の一生をムダにしない予防注射

世の若い女性ひとり残らずに是非とも読んでいただきたい、人生を学ぶに必須の教材である。社会に出て立つ男の立場からすれば、女房がたとえ些《いささ》か愚かで性格に欠点があっても、これは選び損ねたなと素直に諦めて、彼女に過大の期待を寄せず依頼心を持たず、表面を糊塗して援護《カバー》し続ける思い遣りで切り抜けることができる。夫婦関係はとどのつまり我慢し続ける忍耐であるから、明治天皇が始めてから次第に波及した金婚式が、何よりも尊いのはそのゆえである。

それでも司馬遼太郎は『新史太閤記』（新潮文庫）にさり気なく、二十六にもなって美人好きというのは、猿（木下藤吉郎）の物事への憧れのつよさをあらわすものであろう、と記した。藤吉郎のような格別の場合は別として、女は顔ではなく心であると、男は結婚適齢期までに悟っているべきであるとの、懇切で物柔らかな発信《メッセージ》である。

男であったらそういう自己抑制を通す人生もありうる。しかし女の場合はそんな工合にはいかない。結婚した相手が所詮は駄目男で、なまくらな性格に矯正の余地はないと痛感した時は悲劇である。獅子文六は『自由学校』（昭和26年）に、女の一生をワヤにされたという恨みに言及し、この恨みはすべての細君が大なり小なりに持っている、と記した。決定的な名言である。女がいったん男を選び損なったら取り返しがつかない。

翻訳者として活躍した瀬沼夏葉や、婦人雑誌の代表格『婦人之友』を編集した羽仁もと子など、明治大正から昭和戦前にかけて世に現れた女傑は、すべて有能な夫が黒幕となっていたか、或いは彼の実母が健やかな猛女として支えていたか、大体どちらかの幸運な境遇にあったからである。性根の据わっていない男を立て養いできたのは、女髪結いと花柳界の腕利きだけであろう。『女の学校』『ロベール』の連作には、男の外面に惑わされて、女の一生をムダにする破目に陥らぬよう、事前に心構えを整えてくれる決定的な効果がある。

永井荷風が『小説作法』（『新小説』大正9年4月）を書き、それが円本『現代日本文学全集』22『永井荷風集』（昭和2年）に収録された時、それがたまたま本文の最終頁に及んだので、そこに記された次の一句が読者に強い印象を与えた。曰く、小説家たらんとするもの辞典と首引にて差支えなければ一日も早くアンドレ・ジイドの小説よむようにしたまえかし。

以来、昭和期を通じてジッドの作品はほとんどすべて、多くの訳者により重ねて訳され、翻訳全集が何回も刊行され、殊に、戦後の『アンドレ・ジイド全集』十六冊（昭和26年）の瀟洒な仕上がりが造本の傑作であった。『女の学校』も、青柳瑞穂、川口篤、河盛好蔵、小松清、新庄嘉章、堀口大学によって何回も訳出されている。

殊に新庄嘉章訳本（昭和8年4月）が志賀直哉の目に止まり、「『女の学校・ロベエル』を読む」と題する感想文が、改造社の雑誌『文藝』の創刊号（昭和8年11月、全集7）に執筆されたものだから、訳者の新庄嘉章までもが知名となった。

志賀直哉の評価は冒頭からして絶賛である。以下に主要部分を新假名表記に直して引用しよう。

「ジイドの『女の学校・ロベール』（新庄嘉章訳）に感心して、良い本程いいものはないと思った。良い絵を見れば、良い彫刻を見れば、同じようにそう思うが、そう思えるものだけが真実に良いものだと思った。

『女の学校』は女の日記で二部に分れている。第一部では女が男にすっかり惹きつけられ、男の何から何までよく思う事が書いてある。然し読んでいると男が所々で見せる尻尾で分る。要するに生まれつきの俗物で、頭は悪い方ではないが、その働きは完全に出来合いの働き方しかしない。然し二十歳前後の女を魅するにはそれで充分だ。『立派な人を愛することより以上に謙譲の美徳を教えて呉れるものはないと思う。ロベエルさんの側に居てはじめて私は自分に何が欠けているかが一番良く分る。そして自分は如何にも微小なものではあるが、出来ることならそれであの方の力になり度いと思う』、女はこんな風に考える。第一部では女は此気持ちで終始一貫している。

第二部はこれも日記で、二十年後女がいよいよ此男に堪えられなくなって、『あの人を憎まないで済む唯一の手段はあの人にもう会わないことだ。とりわけ、あの人の言葉を聞かないことだ』と思っている。

『彼が義務に就いて話すのを聞いていると総ての〈義務〉が怖ましいものに思え、宗教を振り廻しているのを見ると、総ての宗教が信用出来なくなり、また美しい感情を弄んでいるのをみると、永久に、それが厭らしく思えて来る』。女は徹底的に男が厭になった。

然しこういう男は世間に少なくない。こういうのを世間では『人格者』などと言っている。多少此傾向を持っているというのなら、それこそ沢山あるのだろう。

『女の学校』というだけに、此本は実際的にも世間の娘達に読ましていいものだなと思った。予防注射の役目もする。女学校の上級で講義しても甚だ有益な書だし、反対の意味で大学、高等学生にもいい本だと思った。」

加えて谷沢の流儀で別の小説に言及するなら、女を誘惑する手口を、明細に興味津々と描いた名作に、ラクロが書いた唯一の小説『危険な関係』上下（岩波文庫）がある。スタンダールが傾倒したこの老将軍の筆致は男と女との関係を赤裸々に照らし出している。

キケロー『友情について』──中務哲郎訳　岩波文庫

●身近に親友を持つことは人生行路を左右する

馬の仔は産まれるなり間もなく起ちあがり、自分から動きだして母乳を求める。つまり体内ですでにほぼ一人前になってから姿を現わす。それゆえ以後は頭脳が発達しない。ただ生存のために経験を積むだけである。

それに対して、全くの例外である人間の赤ん坊は、身心すべてがまだ成熟していない未完成の段階で産まれる。それゆえ赤ちゃんの出生には母をはじめ誰か養育する者が必ず要る。この普遍的な条件が正《プラス》に作用して、産出後ほぼ三年前後の期間に、脳が著しく成長する可能性が大きくなり、人間にのみ見られる智慧が形成される。個人それぞれの性向は、この僅かな時間に、根幹がおおよそ決定されるらしい。それゆえ昔から、三つ子の魂百まで、と言い伝える。

それ以後も人間の成長は、環境の如何によって決定的に左右される。珍しく狼に洞窟で育てられた子供が、発見されていくら熱心に教育を施されても、結局は人間として成長しなかった事実はよく知られる。また、未開の部落に産まれた原住民の子供を、早くから倫敦《ロンドン》へ連れ出して養育したところ、たちまち英国風の賢い少年になりかわったので、もうよかろうと生まれ故郷へ帰したところ、折角の文明教育が見る見る剥げ落ちて、もとの野蛮社会の水準に戻ったとも伝えられる。人間は接する周囲の人たちによって磨かれ、有利な条件の中に身を置けば練磨されるようにできているらしい。

現代風の具体的な例に置き直せば、必要な情報を常に取り入れる学習ができるか否かである。辺鄙な場所に産まれた少年が、ひとり数学に熱中し、苦心惨憺して二次方程式の解き方を発見して喜んだけれど、それがすでに常識であると聞かされ、数年間を無駄に空費したのを嘆いたという。

また、書画骨董の蒐集に没頭した夫が亡くなり、相続税がどれだけ高額に達するか未亡人が脅えていた。しかるに、税務署員が査定に訪れたくせに、収蔵品を堆積した蔵へは見向きもしない。理由を問い合わせたところ、この道に詳しい税務係員が事前に調べ、亡くなった亭主を顧客としていた骨董商は、贋物を売りつける常習犯であると突きとめ、蔵の中はすべて無価値の瓦落多《がらくた》であると知っていたからである。徒然草第五十二段に、少しのことにも先達はあらまほしき事なり、と記されているのは周知であろう。

よき指導者に恵まれたいと願うのもさることながら、もっと必要なのは友人である。心を通わす親友である。趣味を同じうする仲間である。昔も今も少なからず贋物を摑まされて口惜しがる型の人は、同好の士と語り合い較べっこするのを嫌がり、誰にも知られず掘り出し物をしたいと彷徨《うろ》つく、ひとりぼっちで根性の卑しい自惚れ屋である。

世にはかなり能力がありそうに見えて、妙に不遇を託《かこ》っている人が珍しくない。この人たちに共通して認められる特色は、久しく交遊を続ける親友を持っていない孤独である。ひとりぼっちで群れを離れている狷介な人は必ず暗い影をひきずり、世の誰にも好まれず認められずに引き立てられずに終る。われわれは先達と仰ぐ師匠に教わるよりもっと多面的に、友人との交流によって性格や学識の厚みが増える。

名人左甚五郎を主人公とする講談があって、大工の棟梁が弟子入りを志願する若い者に、鑿《のみ》や鉋《かんな》その他を詰めた道具箱を見せろ、と言う。それが今日で言うところの就職試験である。それらが揃っていかにも鋭利に研ぎあがってあったら、その男の腕前が実地に証明されるというわけ。

男にとっても女にとっても、友人は自分を成長させ磨いてくれる砥石である。自分のまだ至らない部分を教えてくれる鏡である。社交性などという上辺だけを取り繕う儀礼ではない。自分も相手を信じ相手からも信じられる心の通い合いである。善意に基づいて励まし合う精神の勇躍である。心に弾みをつけ努力する意向を培ってくれる後押しごっこである。

ニュートンの目前にたまたま林檎《リンゴ》が落ちてきたらしいけれど、リンゴを味わうために普通はもぎとらなければならない。或いは何物かを得るには、自分から手を出さねばならぬこと自明であろう。友情もまた然り。自分を好いてもらいたければ、自分の方から心惹かれる誰かにまず好意を示す必要がある。『風と共に去りぬ』（新潮文庫）のスカーレット・オハラのように、女が男からの求婚《プロポーズ》を待つのも女の嗜みであるかもしれないけれど、男が同性の男から、相手から友情を先に示してくれるのを待つのは臆病であり、いたずらに逡巡するのみでは、百年河清《かせい》を待つの類いで結局は何も得られずに終る。

この人、といったん見込んだら尻込みせず、積極的に好意を表わすため、何らかの手筈を講じるべきである。誠意を示すのに最も適する動き方を工夫しなければならない。客引きのような卑しい腰を引いた姿勢ではなく、堂々と正面からぶつかってゆく度胸が大切である。

いったん交友関係に入ったら、何かの機会を捉えて相手のために力を致すべきであろう。自分が尊崇する師匠と先輩、敬愛する親友のため、少なくとも自分のできる範囲で、努める、尽くす、という精神の昂揚を覚えたことの一度もない人は、世間の誰からも好感をもって迎えられないであろう。自分にとって大切な人のために、進んで何事か力を致すという、精神の躍動を知らぬ人に、おそらく好運の訪れる局面はあるまいと思われる。

作家の開高健は、母校の天王寺高校から講演を求められた時、諸君、勉強も大事やろうけど、若い時、身近に親友を持つということは、将来の人生行路を左右する、いちばん大切なことなんやで、と語ったのを、北康利が鮮明に記憶している。

村上陽一郎『宇宙像の変遷』——講談社学術文庫

●有限である人間に無限は理解できない

若き日の井上靖が「人生」と題して次のような散文詩を書いている。

「M博士の『地球の生成』という書物の頁を開きながら、私は子供に解りよく説明してやる。物理学者は地熱から算定して地球の歴史は二千万年から四千万年のあいだだと断定した。しかるに後年、地質学者は海水の塩分から計算して八千七百万年、水成岩の生成の原理よりして三億三千万年の数字を出した。ところが更に輓近《ばんきん》の科学は放射能の学説から、地球上の最古の岩石の年齢を十四億乃至十六億年であると発表している。原子力時代の今は、地球の年齢の秘密はさらに驚異的数字をもって暴露されるかもしれない。しかるに人間生活の歴史は僅か五千年、日本民族の歴史は三千年に足らず、人生は五十年という。父は生まれて四十年、そしておまえは十三年にみたぬと。——私は突如語るべき言葉を喪失して口を噤んだ。人生への愛情が曽てない純粋無比の清洌さで襲ってきたからだ。」

この詩が発表された昭和二十三年前後、我が国の平均寿命は男女ともまだ短かった。人生僅か五十年、化転《けてん》のうちを較ぶれば、夢幻の如くなり、と、桶狭間への出陣にあたって、ひとさし舞った織田信長の覚悟の一句はよく知られていたし、人生七十年古来稀れなり、と詠じた杜甫の詩句も周知であった。それから半世紀あまりを経て、日本人の平均寿命が飛躍的に高くなり、世界一に達しているらしいとはいえ、せいぜい八十年九十年が宇宙の経過に較べて誇るに足るであろうか。

仮に地球の年齢が四十七億年と推定するにせよ、それは人間の頭脳の中で数えることのできる範囲の中にある。しかし、宇宙の年齢は果して推定できるであろうか。

ガモフが考えだした有名なビッグ・バン（大爆発）理論は、過去の宇宙ゼロの時点から出発する。そのビッグ・バンが起こった際には、温度は極めて高く、また密度は極度に大きかったという。こうした状況のもとにあっては、出発点で中性子のみがあり、それが崩壊して陽子が生まれ、それと中性子が反応して、重水素が生じ、そこからヘリウムが生成される、と説明を聞いたところで、理解力の弱い私には、一体何のことかさっぱり解らない。

アイザック・アシモフの『科学と発見の年表』（邦訳平成4年）を展《ひら》き、ビッグ・バン後における宇宙生成の時間表を眺めても、その途中に謎の時代という期間があって、通算して数えるわけにはいかない。

ゼロという概念をインド人が発明したとは聞かされているし、少なくとも数学の分野では私どもが特に疑念を抱かず日常に用い慣れている。しかし、宇宙空間にゼロの時点があったとしても、その前はいかなる状態にあったのか、誰も説明してくれないし、見当をつける手掛かりもない。すなわち、われわれには、宇宙が生成したというそれ以前を、とてものこと知ることができないのではないか。

今度は宇宙の広さに考えを及ぼそう。現在では物理的因果関係から情報を受け取り得るので、知ることのできる宇宙の彼方は、おおよそ百五十億から二百億光年と考えられる。そこまでが人間の知覚し得る宇宙の果てである。ではそれほど遠い宇宙の涯の、この向こうは一体どのような状態なのか。これまた不可解千万ではないか。

要するに現代のわれわれは、宇宙の始まりのそのまた以前を究め尽くしていない。また宇宙の涯のそのまた彼方をうかがい知ってはいない。つまり、人間には、無限なるものを、頭脳で認識し能わぬのである。それゆえ、人間の知覚力が万能ではないと、残念ながら諦めざるを得ない。

われわれは、或る限界の中に閉じこめられているのである。その理由としては、生命そのものに絶対的な限りがあるという現実に基づく遮閉であろう。決定的に有限である生物としての人間には、無限なるものを認識し得る能力が、生まれ落ちた時から与えられていないのである。

それでも欲の深い人間は、体験することもできない知覚することもできない宇宙そのものを、理解したいという願望を決して抑えきれない。諒解はできないけれど、何としてでも納得したという気分になりたい。解らないけれど、何事かを悟った安心感に腰を落ち着けたいと願う。その執念が、架空の神話や宗教を観念の中で造りあげた。それらはすべて根拠のない妄想であった。そして人間は人工の虚構を信じて礼拝するのである。

その間の事情を、司馬遼太郎（『項羽と劉邦』新潮文庫）は次のように素っ破抜く。

すなわち、人類は、その後も多くの〈論理〉体系を創り出し、信じてきた。ほとんどの体系はうそっぱちをひそかな基礎とし、それがうそっぱちとは思えなくするためにその基礎の上に構築される体系はできるだけ精密であることを必要とし、そのことに人智の限りが尽くされた。

つまり、人間は何でもよいから信じる対象が欲しいので、確かに信用できると自分を納得させる拠り所を探す。その右往左往して迷い続ける弱味につけこむペテン師が、遥かな昔から世界の至る処に現われた。それが人間の心を鎮め落ち着かせるための呪術師であり聖者である。

遺伝子の科学的研究がこれほど進んでも、遺伝子を発生させ司るのが何者であるかは解らないので、その神秘を一流一派に偏らず中立的《ニュートラル》に呼ぶため、something great という言葉が流通している。

人間にとって解らない事柄は遂に解らない。そこを解ったつもりになるため、さまざまな偶像や聖典や儀礼が造られ、それを操る職業的伝道師が活躍するのである。

アレクサンドル・デュマ『ダルタニャン物語』十一冊――鈴木力衛訳　ブッキング

●長篇物語全盛期の王者

篠沢秀夫をはじめて高く評価した開高健（鼎談『書斎のポ・ト・フ』昭和56年）はこう語る。「この本には脱帽したものな。ちゃんと底がはいっています。全ページ、底がはいっています。この人のはしゃべる文体だから話体というのかな、話体、弁体をこの人は自分の精神、生理のなかで発見して、満々の自信をもってそれに乗ることができたので、それでこういう傑作が生まれたのじゃないか。この人の豊かなおしゃべりを読んでいると、そう感じさせる部分がある。」

学習院大学における講義をそのまま記録した『篠沢フランス文学講義』五冊（昭和54年〜平成12年）は、日本人によって構想された外国の文学史では最高の傑作である。文芸に思いを潜める心情の温かさ、常に大局から見る読みの深さ、その心躍りを伝える活気は、今のところ他に求められない。その活眼に強調する勘所を教わろう。以下は篠沢教授の語りである。

「『ダルタニャン物語』は絶対に読むべきですね。これはもう読み出したら、巻を置く能わず、波乱万丈全然面白い。あれを読んでいくと、大変に一七世紀のことが分かります。

一七世紀が分からないと、フランスの文学は全然分からないんですね。ゼッタイ分からない。『ダルタニャン物語』にはモリエールも出てきます。ラ・フォンテーヌも出てきます。スキャロンも出てきますね。その当時の生活の姿で出てくる、これが面白いですね。そういうのが、宮廷陰謀も全部出てきますし、いわば実名小説みたいなとこがあるんですね。ダルタニャンとポルトスとアラミスと、このような架空の人物の活躍を通じて、実名の人物がいっぱい出てくる。リシュリューも出てきますね。その次の代の宰相であるマザランとリシュリューの時代に財をなしたフーケとか――ラ・フォンテーヌの擁護者ですね――そういう実在の人物がみんな出てきます。

ああいう波乱万丈のチャンバラ時代物、あるいは政治がらみとか、恋あり、友情ありというようなああいう話は結局もう、だいたいアレクサンドル・デュマがうますぎちゃって、あれでもう一つの型が出来上がっちゃったんですね。日本も、フランスも。あんまり面白いのが出ちゃうと、困ってしまうというようなもんですね。

はじめ、雑誌に連載されてたんですけれども、アトスの従僕のグリモーというやつは、あれ、口きかないんですね。アトスがまた口きいちゃいけないと言うから、ただ『ウイ』とか『ノン』と言うだけなんですね。そうすると、デュマは一九世紀の半ばに、やっとジャーナリズムというのが成立した時代で、原稿料一行いくらって貰ってたらしいですね。変な計算で。

ところが、やたらグリモーが『ウイ』と言って一行で変わっちゃうんで、編集長が怒ったとか、何か傑作な人物ですね。あれを読んでいけば、たいてい分かっちゃうんですね。時代の感覚が付いてしまいます。もうまるで知ってる人みたいになっちゃうんですね。『あっ、フーケね、あれ、あれ、あのあれ』とか何とか言っちゃうんですね。」

我が国では、久保田万太郎と吉屋信子が、一行を……だけで済ます癖があって、あれも原稿料のうちか、と陰口を叩かれたことがある。

それはともかく、中世の華咲ける騎士道とか、高貴な女性を女神のように崇める社会習慣とか、この時代を彩る忠誠心の発露とか、理屈で聞いてもすぐには理解できない時代の潮流を、実感として会得させてくれるのが、この種の物語《ロマネスク》の決定的な役割である。

ちなみに、梅棹忠夫が『文明の生態史観』（中公文庫）で、封建制、封建社会、という呼称を世界史に共通する概念として椅りかかっているのは根本的な錯誤であり、唯物史観の批判にあたって、マルクスによる無責任な概括癖を振りまわすという滑稽な転倒を演じている。

F・L・ガンスホール（邦訳『封建制度』昭和43年）が明快に指摘しているように、近世の世界各国に見られる諸侯の割拠は、一律に共通の形態を採ったのではない。フランスの封建制とドイツの封建制でさえ、大いに異なる。いわんや我が国の近世社会は世界のどの国にも似ていない。支那の政治用語を安易に借り用いたのが、そもそも錯誤の始まりである。原則としては、重野安繹が「日本に封建の制なし」（明治25年講演、のち『重野博士史学論文集』上）と指摘した時点に立ち戻って出直すべきであろう。

篠沢秀夫が指摘するように、史学でも文芸研究でも、まず、その時代に共通する気分、と言うべき感覚《センス》を身につけなければ出発できない。昔話に属するけれども、私は小学生の時分、政治講談『伊藤痴遊全集』正続三十冊を通読したおかげで、西郷隆盛も坂本龍馬も親類の小父さんみたいに身近な存在となった。

近世文学研究に大きく寄与した中村幸彦も中野三敏も、若き日に三田村鳶魚《みたむらえんぎょ》の著作（全集28が刊行され、『鳶魚江戸文庫』三十八冊・中央公論新社）からも多くを学んだと思われる。『ダルタニャン物語』は第一部『三銃士』（昭和13〜14年）四冊（現在は上下二冊）の生島遼一訳で岩波文庫に入り、当時は青少年必読の評価を得て、以後は少年少女読物叢書に必須の定番となり、さらに砕いた再話ものは数知れない。

ガイ・エンドリアの大アレクサンドル・デュマ物語『パリの王様』が河盛好蔵によって訳（昭和35年）され、同じくデュマの『モンテ・クリスト伯』七冊（岩波文庫）が想像力たくましい奇譚の典型として世界に君臨しているのも周知であろう。父・デュマは長篇物語全盛期の王者であった。

水木楊《よう》『東大法学部』——新潮新書

●権力機構理解のマスター・キー

著者の水木楊《よう》、実名・市岡揚一郎は、自由学園を出て日本経済新聞社に入り、ワシントン市局長、外報部長、論説委員を経て著作をはじめた。戦後の高度経済成長の可能性を数値に基づき予見した傑物の下村治、この人が日本銀行で嫌われ、窓際に追いやられた時期から、不屈の信念を貫いた生涯を描く『思い邪《よこしま》なし』（平成4年）は、大村喜吉『斉藤秀三郎伝』（昭和35年）と並ぶ評伝の傑作である。『「日本再生」の現場を行く』（平成14年）には、冬枯れの森にかすかな新しい芽が吹き出し、薄紫色に霞む如く、日本のあちこちで未来が始まっている現場を、二万六千キロ踏破して見出した活気に満ちた報告である。

水木楊の見るところ、日本という国は、明治以来、東大法学部を高い成績で卒業した一部の選良《エリート》が、社会の目抜き通りを、肩で風を切って歩くように構築されてきた。東大法学部卒という輝ける銘柄《ブランド》は、権力機構の閉された扉を開けるための親鍵《マスターキー》であった。

東大法学部卒という学歴がなければ、官僚社会における出世の階段を登り詰めることは、ほぼ不可能であった。その人たちのみで固く結束する官僚機構は、霞ヶ関の中央省庁から地方政界の隅々にいたるまで、他の勢力を排除して権限の網を張りめぐらせ、日本社会の骨髄となり牛耳っていた。

永田町《ながたちょう》、と俗に呼ばれる政界でも、東大法学部の系統が幅を利かせている。初代総理大臣・伊藤博文など草創期、維新の乱闘を生きのびてきた豪の者たちは別格として、今日までの首相五十六名のうち、東大法卒は四分の一を占める。小泉解散で行われた総選挙の時、テレビ討論に雁首を並べた党首五人のうち、慶応出身の小泉純一郎を除く他の四人はすべて東大卒であった。共産党を代表する宮本顕治も不破哲三も、指導権《ヘゲモニー》を握ってきたのは一貫して東大卒である。

財界でも、上場企業の社長や役員の中に占める東大法学部出身者は、長く他の大学出身者を遥かに引き離し、おおむね指導者《トップ》の座を占めてきたようである。財界総理、と俗称される日本経団連の会長もまた、東大法学部出身者が代々継承して座るのが常例のようになっていた。

明治維新の改革期、可能な限り近代化を急がねばならぬ逼迫した情勢の中で、渋沢栄一のような先見の明をもって率先した豪農出身者は別格として、高橋亀吉（『日本近代経済形成史』三冊・昭和43年、『日本近代経済の育成』昭和44年）の調査と分析によれば、町人階層は新時代の見通しが立たず及び腰であったけれど、先祖代々の封禄を失った中堅以下の旧武士階層が働き人として参入したので、必要な人手はほぼ確保できたものの、彼等を統率して有効に力を発揮させる指導者がいない。そのため急遽の対策として帝国大学を創設した。それゆえ求められているのは各部門における専門家《スペシャリスト》ではなく、労働力を有効に束ねて引っ張ってゆくための大局に通じる統率者《ゼネラリスト》である。東京大学の教育が概論総説を中軸に据えたのはそのせいであった。卒業者は当初から統率者指導者をもって自認している。帝大系に学問上の独創が芽吹かなかったのは蓋《けだ》し当然であろう。尻に火がついている政府は促成栽培のために巨費を投じた。その醸出が国民の納めた税からであることは申すまでもない。したがって、選良である自分たちに国民が奉仕するのは当然と心得る特権意識が生じる。

以上は差し迫った難局に処するための応急策であった。けれども我が国の近代化が甚だ効果的に進み、経済が急激に成長した現代に至るもなお、草創期には喫緊《きっきん》であった火事場働きのような臨時措置をそのまま継続したのみならず、パーキンソンの法則が作動して上層官僚をますます増殖するに任せたのが誤りであった。いたずらに特権意識のみを培養したのである。

今や現状を押さえて水木楊は問う。現在、東大法学部生を持つ親の年収は平均千二百万を超え、世間の平均を超えると見られる。公平な社会の実現という現代社会に求められている設計構想とは背反している。東大法学部生を生み出すため、私たちの税金を使う意味が一体どこにあるのか。この真剣な問題提起に始まる水木楊の展望図《パノラマ》と未来予測は本書に就いて見られたい。

アメリカでは選挙によって新しい大統領が就任すると、それぞれの省庁に上位を占める約五千人の官僚が罷免され、外からの別の五千人が入って、省庁における今までの人事構成は一変する。それゆえ政治の大綱を定める議会および閣僚と、その決定を具体的な実施に細別して分担する官僚との、職務が截然と分離している。これが民主主義政体の基本である。

しかし現在のところ我が国の官僚は終身の身分保障という、一般社会では通常でない別格の特権に胡坐をかいている。選挙で国会議員が大幅に入れ変わろうと内閣が倒れ大臣すべてが入れ変わろうと、官僚は端然として眺めているだけ、微動だにせずヘッチャラである。

官僚の提示する書類に異を唱えハンコを捺さぬ大臣は、沈黙した官僚から相手にされず、大臣の執務室に閉じこもって泣くしかない。全国の小中高の校長のうち、かなりの人たちが同じ処遇を受けている。

議会の質疑応答の両者が、官僚から示された台本にない発言をすれば騒動になるであろう。あれは仕組まれた一場のお芝居である。

終身保障ほど堅固で強い特権はない。それゆえ我が国の政体は民主主義ではなく官主主義である。その構成を今まで支えてきたのが東大法学部出身者の、何者をも弾き返す鋼鉄のような団結である。その問題については、早く今井一男（『官僚』昭和28年）が懇切に解明した。アンソニー・ダウンズ『官僚制の解剖』（邦訳昭和50年）や福井秀夫『官の詭弁学』（平成16年）があるいは参考になるかもしれない。

【二十歳】

プルタルコス『プルターク英雄伝』八冊——鶴見祐輔訳　潮文庫

●古代英雄たちの伝承と噂話

あまり評判になっていないけれど、山本周五郎の小説に『彦左衛門外記』（新潮文庫）という小気味のいい作品がある。徳川家康に古くから仕えて奮闘した勇士の家系を譜代と呼び、豊臣大名から身を翻して徳川に臣従した外様とはっきり区別する。家康に天下をとらせるのに功のあった野戦の豪傑たちは、平和になって官僚が政治を主導する時代には悉《ことごと》く不遇を託《かこ》つようになり、大久保家はその代表格となった。小説の中で、その彦左衛門が往時の真相を語ると、若い旗本の水野十郎左衛門が、故老の回想がもし本当であるとすれば、それでは青史（正式の史書）を誤る〈記載の間違い〉ではありませんか、と質問する。彦左衛門は振向いて、何か珍しい生き物でも見つけたように、まじまじと十郎左衛門の顔を眺めた。おまえは、と老人は訝しそうに訊き返した。おまえは史記などに書いてあることを信用するか。

以上はもちろん作者の創作である。しかし山本周五郎が読者に伝えたいのは、世に歴史と称して伝えられている書物は、すべて根拠のない作り話にすぎないのだ、と強調する真面目な主張である。実際のところ司馬遷は、全国を丹念に歩き回り、その土地に伝えられる昔の出来事を採集したのであり、その伝承が固定した。後世のわれわれは誇大に粉飾された昔話を、根拠もないのに信用したがる興味本位の野次馬である。

正確な書名では、対比列伝、と称されるギリシアとローマの傑物比較物語を、長い間プルターク英雄伝、と呼んできた。作者の名はプルタルコス、末期ギリシアに隠棲して、古代英雄の伝承と噂話を集大成した。彼が生涯をかけて書き残してくれたおかげで、後世のわれわれは、アレクサンダーやカエサルについての映像《イメージ》を与えられるのであるが、彼の筆録した内容が歴史の真実であったと見做すべき証拠は皆無である。

けれども、人間を描いてこれほど興味深い書物は世界を見渡しても見当たらない。昔から時代を越えて広く古典として愛読されてきた。シェイクスピアは、これにヒントを得て悲劇の第一作であり人間研究の究極である『ジュリアス・シーザー』(岩波文庫・新潮文庫)を書き、ナポレオンはプルタルコスを枕頭の書として戦陣にも携えたと伝えられる。必読の名著をどれほど厳選しても、この書を枠の外に置く人は少ないであろう。

ただし、プルタルコスの時代は、人間の感情を生き生きと描きあげる語彙と形容詞句と文脈の工夫がまだ熟していなかった。それゆえ原文をそのまま日本語に置き換えた河野與一訳(岩波文庫・十二冊)は、超人的な忍耐力のある人しか通読できない。この書に関してのみは直訳したら面白さが死んでしまう。そこで、日本語の文脈に砕いた編訳が必要となる。

かつては高橋五郎訳（大正4年・四冊）が、初めて本書を我が国の読者に馴染ませた。そして鶴見祐輔訳（昭和9年・六冊）が、好評を博して広く読まれ版を重ね、今は潮文庫版・八冊として入手できる。

どうしても直訳でなくては、と望む厳格な気難し屋のためには、村川堅太郎編（筑摩書房『世界古典文学全集』4、ちくま文庫・三冊）も刊行されているので、お好みの向きによってはこちらの方をどうぞ。私ども昭和初年生まれの少年少女向きには、沢田謙の『少年プリュータークーク英雄伝』（昭和5年、のち改題『プルーターク英雄伝』昭和11年）が熱狂させてくれた。今は木村庄三郎の著として『プルターク英雄伝』（岩崎書店『少年少女世界名著全集』版上下）が出ている。

懐かしさのあまり、今は古書でしか手に入らない沢田謙の筆致を紹介しておこう。『智謀テミストクレス』の一節である。

「後年、権勢の絶頂に立ったときも、彼は青年時代、父親が、荒磯に捨てられた小舟を指して、あれを見よ、あれが政治家の運命だよ、用がなくなると、あの通り民衆に捨てられるのだと戒しめた、そのことを彼は思い出さずにはいられなかった。事実、その悲命は刻々と、彼の身辺に近づきつつあったのである。

一体、雅典《アテネ》のような民主国では、一人の人があまりながく権力を握ることを好まない。況《いわん》やテミストクレスは乱世の雄だ。国敗れればこそ、英雄を期待し、世が平かになると、どうもテミストクレスのような、進取的で覇気に富み、縦横の策謀ある人物は、何となく危く思われて来る。そうしてむしろ、保守的で穏健著実な、アリスチデスの徳望を思うようになって来た。あながち雅典の市民ばかりを責めることはできない。時勢が変ったのである。

雅典を中心とする政治同盟の議が起ったとき、テミストクレスは策を立て、今日こそは雅典が、希臘《ギリシア》の覇権を握る絶好の機会である、よろしく武力をもって、北方諸邦を威圧しなければならぬ、と称えたのに対し、アリスチデスは保守政策を取って、このうえ武力を振るうのは穏当でない、もはや雅典の威力は十分に発揮されたのであるから、来るものは敢えて拒まないが、強いて撃つにも及ばないではないか、と主張する。そして雅典の市民は、この保守説に傾いた。

世に両雄ならび立たずという。嘗て希臘全土が、強敵波斯《ペルシャ》の鉄蹄に踏み躙《にじ》られて、未曾有の大困難に遭遇したとき、民衆が柱と頼んだのは、テミストクレスの智謀と胆略であった。そして雅典はアリスチデスの徳義と信望とを顧みず、彼を国外に追放した。然るにいまや時勢は一変した。希臘の望むところは、もはや戦争ではなく平和となった。発展ではなく守成となった。それと同時に彼等は、嘗てアリスチデスに加えた同じ災いを、いまやテミストクレスに降そうとするのである。」

西堀栄三郎『ものづくり道』　WAC

●日本人の特性を生かす羅針盤

学者として研究に集中する素質はなくとも、桑原武夫は統率者および随想家としてひときわ秀れていた。『ざくろの花』（昭和21年）『人間粗描』（昭和25年）『この人々』（昭和33年）『人間素描』（昭和40年）『昔の人　今の状況』（昭和58年）と続く、先達および知友の肖像《ポルトレ》は、神田喜一郎の『敦煌学五十年』（昭和35年、のち筑摩叢書）には及ばぬにしても、やはり人物描写を支える清純な畏敬の念は常に感動を誘う。その最高傑作が、材に人を得た『西堀南極越冬隊長』（朝日新聞版全集4、『桑原武夫集』5）ではなかろうか。

米国で発表されたけれど定着には遠かったQC、製品の品質管理をいち早く取り入れ、我が国民性に即した職場における人間関係の調節に醇化し、高度経済成長に貢献した西堀栄三郎は、いかなる難かしい局面にも臆せず敢然と立ち向かい、渾身これ難関を突破する平常心での工夫と知恵の権化であった。

食糧事情が極度に逼迫していた戦争の真最中、訪れた桑原をもてなすため、西堀が独自に発案した奇妙な道具で川幅を封鎖し、川底を丹念にかきまわして無数のエビガニを獲り、ボイルして山のように提供した光景が、桑原の筆によってまざまざと描かれている。

史上に例のない初めての出発であるから、先に何事があるか予測できぬ冒険の次第を、奇想天外の発想により解決した工夫を具体例で語る『南極越冬記』（昭和33年・岩波新書）は、固定観念に捉われず経験に照らして手立てを講ずれば、大抵の難題も切り抜けられるのだと、人間の知恵を信じ臆せず怯《ひる》まず進む勇気を与えてくれる。地に着いた技術の錬磨と人間の和を重んじる心の温もりと溌剌たる前進の意欲とを、打って一丸とした西堀流人生開拓術は、日本人の特性を生かす方向を具体的に示す羅針盤である。

『石橋を叩けば渡れない』（昭和49年）『出る杭をのばす』（昭和49年）『五分の虫にも一寸の魂』（昭和59年）など一連の著作は、気落ちしてヤル気の乏しくなった精神の陥没期にも、なおかつ生きる方向を照らし勇気を与え励ます道標の役割を果たす。

没後刊行の『創造力』（平成2年）および『西堀栄三郎選集』三冊および別巻追憶集（平成3年）は、明朗な叡智と人を大切にする温情との結晶である。生涯を日本国民の幸福増進を願うのみ、画期的な成果を挙げながら名声を求めなかった豪傑の語録に盛られた声を聞かないで、一体何のための読書であり学問であろうかと訝しむ。

西堀栄三郎は、至るところに忠告の名言を残した。

いわく、探検家は、まず第一に、やるかやらないかという決心をする前に調査するよりも、やるという決心をしてから調査します。決心をしてから後にやる調査というのは、いかにして失敗のリスクを減らすかということを専心するわけです。

いわく、物事には、最初というものが必ず一遍はあります。その最初をやらなかったら、二度目はないのです。最初のないものというのはない。だから、それを私たちはやろうと考えているのです。私たちは充分の自信を持ってやります。準備その他についても万全を期しています。

現実の世の中は、石橋を叩いて危いとわかっていても、なおかつ渡らねばならないことが多いのです。

計画を実行に移してから、思いもよらないことができたとき、一体どうしたらいいのか。それは何でもない。ただひとつ、臨機応変の処置をとるほかはないのです。

世の中に完全なものなんてあり得ないのです。絶対の信頼性があるなどといっている宇宙船でも、「スイッチを入れ忘れる」ことだってあるのです。

私は、対立理念でいくか、融和理念でいくかというならば、融和のほうが大事だと思っているんです。たとえば、人間のために自然があるんだ、主人のために奴隷があるんだ、という考えはみんな対立なのです。このような考え方で組み立てていこうとしている哲理を、われわれは今ここで考え直して、人間即自然、融和の心を培っていかなければいけないと思っているのです。

個性尊重ということは、個性は変えられぬと思うことからはじまるのです。個性は変えられないが、変えられるものがある。それは何かというと、能力、です。能力というものは変えられる。これはあとからついてきた、すなわち後天的な性格のものですから。従来は、個性は変えられるもの、などと考えていたのです。

私は仲人をしたことがありますが、その新郎に、「君の奥さんの個性は変えられないよ。しかし能力はいくらでも変えられるよ」とこう言ったことがありますが、その男は後になって非常に感謝しております。

繰り返して言いますけれども、まず個性は尊重する。これは変えられないものだから、ありのままの個性を良い方に好い方に読みかえる以外にない。と同時に、その人の能力を高めるために、その人の意欲をますます燃やさせる必要があると思います。

人間の意欲はどこから出てくるのか。考える、という人間の本性を、出してはいかんというふうに、押えつけてしまうと、人間というものは、非常に不愉快を感じ、また、その仕事をやっていることが、いやになってきます。だから、仕事を楽しませようというか、仕事というものの自体に、意欲をもたせようとするのなら、どうしても考える余地を与えておかねばならないわけです。

つまり、そこに考える余地を与える。手段についてのみ与える。しかも、それをある制限のもとに与える。そこで考える自由の度合いが問題になってきます。自由を与えられた人は、与えられた自由の度合いの分だけ、責任を感じ、その責任をとった分だけ、意欲を感じる。意欲を持てば、その人はそれだけ能力が増してくるのです。

私の知る西堀栄三郎の著作を追加しておこう。共著『品質管理実施法』（昭和36年改訂版）、分担執筆『人間性と創造性の開発』（昭和46年）、巻頭執筆『創造性開発』（昭和47年）、講話『西堀流新製品解説』（昭和54年）、講演『品質管理心得帳』（昭和56年）、分担執筆『リーダーの魅力』（昭和56年）、監修『技術文明の未来像』（昭和57年）、著書『百の論より一つの証拠』（昭和60年）、監修『品質管理的アプローチ』（平成元年）。

渡部昇一『日本語のこころ』――WAC

●大和言葉による表現力の効用

英語では十五世紀以降、変化が甚だしかった。英国人のフランシス・ベーコンが、自分の著作を英語で書き残しておくことに大きな不安を感じ、ヨーロッパ学術界の共通語であったラテン語の方を信頼し、我が述作がラテン語に訳されるよう手配した。このように、英語の歴史には断絶があったから、英米の文学を専攻する大学生でも、古英語で書かれた詩を読解するにも歯が立たず、よほど深く研究しなければならない。

そのように難儀な揺れとは反対に、我が国では言語の伝統が一貫しているから、萬葉集のように古い時代の和歌に用いられた言葉でも、現代人には直ちに理解できる。したがって、生粋の日本人である大和民族とは何か。それは古代から断絶なく伝えられている大和言葉を、母国語として用いる民族である、と一筋にあっさり定義することができる。この、大和言葉による表現力の効用を、はじめて本格的に解明したのが本書である。

非常に古く支那から漢字による漢語が伝えられ、我が国はすぐさま積極的に吸収した。しかし、文字は輸入しても文法は全く変更せず、返り点や送り仮名を工夫し、大和言葉の文脈に置き直して日本語に転化した。それのみならず、漢字を分解して片假名と平假名を創造し、漢字だけでは言い表せない柔軟な感情の伝達に成功した。近世の後期からヨーロッパの言語が渡来すると、杉田玄白から西周《にしあまね》など多数の先覚者が苦心を重ね、翻訳という方法で日本語の語彙を決定的に増やしたが、しかし文脈には決して変更を加えていない。

戦後に流行したポピュラーソングを例に挙げて、著者は具体的に説明している。小平なほみ作詞の『白いブランコ』は片假名の名前を名乗るビリー・バンバンが歌ってヒットした。その詞句には漢字が交じっているけれど、風をフウと、君をクンと、発音すれば漢語調になるものが、風をカゼと、君をキミと読む限り、それは間違いなく大和言葉である。接吻《くちづけ》については言うまでもない。また、ブランコを近世の日本人は、まず漢字表現の「鞦韆《しゅうせん》」と覚え、気取った漢詩などに使い慣れていたから、何を指すかを心得ており、急に入ってきた外来語ではない。

このように、表記には漢字が使ってあったところで、訓読みにすれば、それはれっきとした大和言葉として用いられる。我が国は外来の文字をせっせと取り入れながら、あくまでも大和言葉の語法と文脈を迷いなく守ってきたのである。

ただし、我が国でも、学識を衒《てら》うため、漢字漢語を多く用いる人が少なくない。たとえば、「純粋経験の直接にして純粋なる所以は、単一であって」(西田幾多郎『善の研究』岩波文庫)

という風に、二字漢字や四字漢字を重ねてゆく。このような表現は、頭で理解できても感情に訴えない。つまり言わんとするところのニュアンスが伝わってこないのだ。

議論を好み理屈で言い負かそうと笠にかかってくる人に限って漢語を乱発する。形式論理で相手をねじふせても結局は面子《メンツ》を損ない怨みを買うだけにすぎない。

それに反して、大和言葉は当たりが柔らかくとげとげしくない。大和言葉の根本にある特色は、優しいニュアンスによって人の感情に浸みこむ伝え方である。なぜそのような効果があるのか。理由ははっきりしている。大和言葉こそは、有史以前から日本人が使い続けてきた言い現わし方であり、われわれの血となり肉となって、脈々と伝わってきた伝統に根を下ろしているからである。

一般に、我が国びとは、表向きのタテマエを片意地になってまくしたてる時には、かどかどしい漢語を乱発する。しかし、勢いこんだ気負いをほぐして、無駄な闘争心を消し、心の底にある本音を語る時、おのずから大和言葉が口をついて出る。つまり平常心で語る場合には、時に意識しないでも大和言葉に頼るのである。

何ゆえ人は言葉を発するか。それは相手が此方の言い分に共鳴し、納得してもらいたいからである。言語表現を戦いであると思い違いしてはならない。私どもは他人に自分を理解してほしいので語りかける。したがって相手に共感を呼び起こし同情されるように仕向けなければならない。それゆえ大和言葉の用い方に習熟するのが先決である。

言葉は、辞書や単語帳によって覚えることはできる。しかし言葉のニュアンスまで感じとることはできない。言葉数の多い人の華やかな語り口は煩わしいだけである。適当な場所で、杭を一本また一本と打ちこんでゆくように、一語また一語が空回りせず、人の心に訴え感動を呼び起こし、納得させるのが表現力の極意である。

世の人が同感してくれる話術や文章力を磨くためには、人を感動させる上等な文章を、沢山読むしか手立てがない。また秀れた詩歌をじっくり味わう楽しみも必要である。何事にせよ、畳水練は役に立たない。実地に即して体験を重ねるしか習熟への道はなかろう。

著者は次のように要約している。すなわち、心が何か懐かしいものを抱きしめたいような気持ちのときは大和言葉になり、心が野心に満ち、征服を欲する気持ちになったときは漢語が多くなる。気負いのない情緒に率直である場合は大和言葉になるけれど、精神が知的な方角へ向き、対象との間に身構えをもって距離を置いている時は漢語表現が増える。

内藤湖南『日本文化史研究』上下──講談社学術文庫

●読み返すたびに新しい知見

湖南内藤虎次郎は豊かでない家に生まれたので、公費の秋田師範を卒業し、義務として小学校の教師を勤めたのち上京、新聞社を転々として記者生活を送りながら、『近世文学史論』（明治30年、内容は学術史）をはじめ多くの著書により、若くして博学の聞え高かった。支那学を専攻して卓越しながらも、日本文化の全域に独自の見識を示している。

京都帝国大学を創設して初代総長となった木下広次が、在野の碩学を積極的に登用するという、当時としては破天荒な人事を企て、湖南をも教授に迎えようとしたところ、文部省（当時）の官僚は、たとえ孔子様と雖《いえど》も学歴（帝国大学卒業の意）の無い者は教授にできないと拒否した。それでも木下広次は粘り強く交渉し、最初の二年間は講師として履歴を整えるという形式的な妥協によって内藤教授を実現したので、大いに世間を驚かせたと伝えられる。

以後の湖南は、従来の漢学から脱皮した新時代の支那学を指導し、学界および論壇に鬱然たる名声を得た。支那人をも驚かせるほど漢詩漢文に熟達して独特の能筆、粒選り古典籍の蒐書もまた天下に聞えた。国宝とか重文とかの判定を悉く信じるわけではないが、没後出版の『恭仁山荘善本書影』(昭和10年)には、南宋版毛詩正義十八冊をはじめ国宝十点を含む。学問見識の博く深く鋭いこと古今にほとんど比肩する者を見ない。

ところで、湖南先生は至って無精者、教授時代は講義に際して覚え書きなど一切持たず、風呂敷に包んできた数冊の文献を時にはぱらぱらめくりながら、流れるように語り続けたので手許には記録がない。

そこで長子の伯建内藤乾吉(『中国法制史考証』昭和38年)は、湖南在任中の受講生多数から講義ノートを徴し、それぞれの異同を確かめて遺著を編集刊行するのを生涯の課題とした。その辛酸とも評すべき労苦の成果が『内藤湖南全集』全14巻(昭和51年)である。もし古書店で端本が見つかったら、第九巻だけ買って手許に置くべきである。他の巻は支那学専門の研究者には必須であっても、われわれ一般読者の血となり肉となって見識を深めてくれるのは、第9巻に収録された『日本文化史研究』と『先哲の学問』(筑摩叢書)である。これだけは誰でも読めるので、何度も読み返すたびに新しい知見が得られるであろう。

湖南先生は講演を引き受けるのに吝《やぶさ》かでなかった。傲慢な一部の同僚は大学教授が講演するなんて卑しく売名的であると謗《そし》ったが、その連中が刊行した著書など今は存在理由を失い、図書館の隅で塵に埋もれ死んでいるけれど、湖南の講演記録のみは今に光を放っている。

先に記した如く無精な湖南は、論文をいちいち書き続ける手間が煩わしく、腕利きの速記者に書きとらせるのを条件にして、その蘊蓄を記し留める替りに講演を引き受けたのである。それゆえ湖南学の精髄は、とりわけこの二冊に凝縮されている。

これら講演録の中でも最も傑出している「応仁の乱に就て」を例証に、湖南の見るところ考え方を紹介しておこう。湖南曰く、大体歴史というものは、いつでも下級人民がだんだん向上発展していった記録である。

大体今日の日本を知る為に日本の歴史を研究するには、古代の歴史を研究する必要は殆ど無い。応仁の乱以後の歴史を知って居ったらそれで沢山である。それ以前の事は外国の歴史と同じ位にしか感じられない。応仁の乱以後は我々の真の身体骨肉に直接触れた歴史であって、これを本当に知って居れば、それで歴史は十分だと言ってよい。

時代の動きを見るというのはどういう態度を指すか。事実が確かであっても無くても、大体其時代において、そういう風な考え、そういう風な気分があったという事が判れば沢山である。

応仁の乱以後百年ばかりの間というものは、日本全体の身代の入れ替りである。それ以前にあった多数の家は殆ど悉く潰れて、それから以後今日迄継続している家は殆ど悉く新しく起った家である。応仁の乱以前にあった家の多数は、皆応仁の乱以後、元亀天正の間の争乱のため悉く滅亡して居ると言ってもよい。

以上のような、応仁の乱を日本史の画期とする独創的な見解を、湖南はそれまで誰も見たことのないような珍しい資料に立脚しているのではない。『群書類従』に収められて周知である一条禅閤兼良の『樵談治要《しょうだんちよう》』その他から説き起こしている。一般に流布して誰でも承知の資料から、時代の大きなうねりを見抜くのが、本当の史眼であるという、学問の本筋を教える話題であった。

さらに『先哲の学問』に移るとしよう。「白石の一遺聞に就て」には、ざっと日本の目立った史家としては、大鏡・愚管抄・親房〈『神皇正統記』〉・白石〈『読史余論』〉・伊達千広〈『大勢三転考』〉、これ位で日本史学史は出来上がろうと考える、と、薪雑把《まきざっぽう》を大鉈で割るような断言が見られる。細かな資料の隅々まで眼を走らせる必要はなく、個性的に屹立した文献を摘出する眼識が大切であると説く。

加えてもう一篇の重要な貢献は「大阪の町人学者富永仲基」である。仲基の『出定後語《しゅつじょうごご》』は、我が国の生んだ世界に傑出する創見の論理であるが、この漢文で書かれた難しい思想史分析方法論を、これほど」み砕いて解りやすく説明した湖南の透徹した咀嚼力にはつくづく敬服のほかない。ついでながら『日本思想大系』における『出定後語』の頭注（昭和53年）は、仲基の天才的着眼を全く理解しない者によって、解釈が時局迎合の媚態によって全面的に歪められているのを惜しむべきである。

歌川令三『新聞がなくなる日』——草思社

●官僚からのお達しに忠実な新聞

長谷川慶太郎はどの著作でだったか、自分が最も信頼するのは『ニューヨーク・タイムス』と『ロンドン・エコノミスト』であると述べていた。この両者のように、政府と何の関わりもなく、自主独立の中立的な新聞が、悲しいことに我が国には全く存在しない。

日本の政治を実質において運営しているのは、議会でもなく政府でもなく、霞ヶ関の主要な省庁を牛耳る一部の上層官僚である。その官僚組織が、新聞、テレビなどの報道機関すべてを支配している。政府の広報活動の軸となる出版物を、官報、という。それゆえ我が国で刊行されている新聞は、悉く官報を水増しした官僚からのお達しであるらしい。

今や全国に株の売買に手を出す人が飛躍的に増えつつある。その怒涛の如き趨勢に全く鈍感で対処していなかったのが、ニューヨークに次ぐ世界第二位の機能を果たすべき東京証券取引所である。そのためライブドアショックで一挙に大量の売り買いが殺到した時、装置が捌ききれず事務の一時停止に追いこまれた。所長や役員の椅子にぬくぬくと納まっている連中に、どれほど責任感が欠けているかを証明したのが今回の破綻である。

ところで、たとえ僅かでも株に手を出している人たちに、貴方は日本の新聞記事を信頼して、その報ずるところに脚を置いて資産を動かしていますか、と聞いてみるがよい。はい、と答える人はたぶん絶無であろう。虎の子の私財を賭けている真剣な人が、我が国の新聞を信用している筈がないのである。

われわれ国民の身にとって、生活の浮沈に関わる最も知りたい情報は新聞に出ない。社会の動きを決する内密の大切な情報を、政治の運行を司る官僚が洩らしてくれるわけがないからである。なぜそのように厳重な言論統制が行われているのか、その仕掛けも知らないようではまともに暮らしていけない。明らかに現代人としては失格である。

秘密の鍵《キー》は、記者クラブという、世界を見渡して類似の型はあるものの、我が国にのみ一方的な強権に支配されて存在する狡猾な制度なのだ。

霞ヶ関に聳《そび》えるそれぞれの省庁には、至って便利な場所に必ず記者クラブと称する排他的な部屋がある。省庁は国民の税で賄われているから、その部屋だってもちろん国有地である。それが永代の無賃貸料、無償で提供されている。かなり広く、机椅子、筆記用具など必要な調度品が揃い、日本酒からビールや老酒に至るまで用意され、最新式の麻雀台や假寝用の設備まである。東京都庁に設けられた記者クラブの面積は、何人かいる副知事それぞれの個室を合わせたより広いという。

その行き届いた接待の場に、午後二時くらいに省庁の広報担当が現れ、その日に披露すべきなにがしかの情報を与えられた記者がやおら本社へ持ち帰る。昔風の譬えで言えば伝書鳩みたいな役どころであろう。動く必要もないのだから、突っ掛けでのそのそ出てくる記者もあるそうな。

つまり動こうにも動けないのだ。お恵み以外に情報の種《ネタ》を独自に探そうとしようものなら、お役人たちに嫌われるのはもちろん、抜け駆けしたらクラブに所属する各社の記者全員から村八分にされ、仕事の務めを果たせなくなる。こうして世界に冠たる我が国の官僚集団は、情報機関《メディア》を完全に掌握して御安泰であり大満足である。

それゆえ、日本の新聞もNHKはじめテレビ各局も、官僚にだけは決して批判の刃を向けない。選挙という恐ろしい弱味を持つ議員や、突出して背後関係を持たぬ成り上がりだけが容赦なく叩かれる。姉歯なにがしに発する建築設計の偽造問題で検察も新聞《マスコミ》も腰が引けているのは、売り買いに関わる当事者の多くが有力な新興宗派に属し、すべては土建屋に繋がるゆえ、裏社会の怖いお兄さんたちがちらちら透けて見えるからである。

ホリエモンや村上ファンドには遠慮気兼ねなく攻撃を加えたのから見ると、この人たちは少なくとも裏社会に繋がっていないらしいと、逆に一種の潔白が証明されたと見ることができる。

ホリエモンも村上ファンドも、人の血を流したという過去はない。損をした人たちはお気の毒ではあるけれど、もともと他人を出し抜いて儲けるつもりの投資なのだから、運が悪かったと諦めるしかないであろう。しかし三菱自動車が大量に売った欠陥車は、報じられた限りにおいても、いろいろの場所でかなりの死者と負傷者を出している。つまり明らかに人の血を少なからず流した。にも関わらず報道機関《マスコミ》が詳細を突き止めようとしないのはなぜか。問題の欠陥車をどんどん売った時の社長の父はかつての日銀総裁であり、その叔父は前《さき》の宮内庁長官を務めた。さらに血筋を遡ると、三井財閥の大御所池田成彬と三菱財閥の有力者加藤なにがしに辿り着く。このような謂わゆる名家の一族に対しては、検察も新聞も揃って慇懃となり暗闇を暴かない。

明治時代にも長州閥の巨頭であった井上馨および山縣有朋の関係する汚職は徹底して伏せられ、なかったことになってしまった。議会を制圧した政友会の猛烈な選挙干渉は不問に付せられたし、陸軍の機密費や、今頃ようやく多少は問題となっている膨大な郵便貯金、当時は伏魔殿と称せられた大蔵省預金部が押さえている資金の行方も杳として解らない。

我が国の新聞を信用したら馬鹿を見ると、痛い目に遭わぬ前に心得るべきである。田原茂行の『巨大ＮＨＫがなくなる日』（平成17年）をも併読すれば、得るところ少なくはないであろう。

フランクリン『フランクリン自伝』

松本慎一・西川正身訳　岩波文庫

●自助と交際のカナメを説く自伝

人間はいつも自己本位に考え自分勝手に動く。あらゆる自伝は、すべて己に都合のよい飾り文句と隠し事に終始しているので、そこから書き手の真実を知ることはできない。失敗談が記されてあっても、それをいかに反省しどのように乗り越えたかの自慢話である。しかし、語られている事柄の中に覚えておけば役に立つ教訓が少なくない。以下はフランクリンの回想に含まれていて、今後必ず思い当たるであろう挿話《エピソード》である。

議論好きという性質は悪い癖になりやすい。この気質からすると、どうしても他人の言うことに悉く反対したくなる。そのためしばしば極めて人付合いの悪い人間になり、会話を不快にしたりぶちこわしたり、誰にも不愉快な思いをさせ周囲の人に敵意を抱かせる。

何か或る計画をなしとげるのに、人々の同意と助力を必要とする場合、その企画は有益ではあるものの、その企画の成功によって、言い出した人がほんの僅かでも有名になりそうだと周囲の人が想像しやすい構想であったら、自分がその発起人だという風に話を持ち出すと、ことはうまく運ばない。そこで、発起人であるフランクリンは、自分を表面的に出さぬようにして、もともとこの事業は数人の人たちが考えたのであり、自分は皆から頼まれ、勧誘に回っているのだと説明した。この方法を用いてからというもの、仕事は一段と円滑に運んだのである。

実際、われわれが生まれながらに持っている感情の中でも、自負心ほど抑えがたいものはあるまい。どんなに包み隠そうが、それと戦おうが、それを殴り倒し、息の根を止めるべく努めようが、ぐいぐい抑えつけようが、依然として生き続けていて、時を得ては頭をもたげ、相変わらず姿を現すのである。

いかに表面を取繕うとも、謂わゆる公務に携っている者で、専ら国家の利益の見地から行動している者は、ほとんどない。たとえ彼等の行為が、結果的には真に国家に多少の実益をもたらすにしても、本当のところ、彼等は、第一に自己の利益と国家の利益とが一致すると考えたからそうしたのであって、はじめから博愛の精神に基づいて行動したのではない。

州会議員に選ばれた時の話。ある議員が他の候補者を応援するために長い演説で此方に反対したため、フランクリンは気色を悪くした。この反対者は財産を持ち教養もある紳士で、政治的才能もあるから、やがては州会で大きな勢力を振るうであろうと思われていて、事実、その通りになった。しかし、自分としては、卑屈なお世辞を使って彼に取り入ろうというつもりはない。そこで、暫くしてから次のような方法を用いることにした。彼の蔵書に或る非常に珍しい本があると聞いたので、ねんごろに手紙を書き、その本を読んでみたいので、四、五日拝借させていただけまいかと頼んだ。すると彼はすぐにその本を送ってよこした。フランクリンは一週間ほどして、その厚情に感謝する旨の手紙を添えて返却した。その後、州会で会ったところ、それまでにないことであったが、向うから話しかけてくれた。しかも非常に慇懃な態度であった。そしてその後あらゆる場合に好意を示してくれたので、彼とフランクリンは仲のよい友達になり、二人の交わりは彼が死ぬまで続いた。

古い諺に、一度面倒を見てくれた人は、進んでまた面倒を見てくれる。此方から恩を施した相手であれば、そのようにはしてくれない、と言い伝える。この考え方に照らしてみても解るように、他人の敵意ある行動を恨んで返報し、此方も敵対行為を続けるよりも、考えをめぐらして相手の敵意を取り除くようにするほうがずっと得なのである。

はじめの百ポンドさえ溜めてしまえば、次の百ポンドはひとりでに溜まる、という諺の、真実にあることを実際に経験した。金というものは、本来、繁殖力の強いものなのである。

人間の幸福というものは、時たま起こる素晴らしい幸運よりも、日々起こってくる些細な便宜から生まれるものである。

歴史は、国家や国王の過ちで充ちているのだ。ローマの諷刺詩人ユウェナリスの『サトゥラ』に次の詩句がある。

世の人々を見てみるがよい／己の幸いを知る者が／なんと少ないことか／知ってこれを求め

る者が／なんと少ないことか

この詞に思いを馳せながら、フランクリンは以下のように考える。為政者というものは、せねばならぬことで手一杯なものだから、新規の計画を考えたり実行したりすることは、大抵面倒がって嫌がるものなのだ。どんなにすぐれた公共の政策でも、遠いおもんぱかりから採用されることは稀れで、事情やむを得ぬようになって初めて採用されるのである。

理屈屋で反対好きで言葉争いに耽るような連中は、多くは仕事のほうがうまく行かないようだ。彼等は勝つことはある。しかし勝利よりも役に立つ、人の好意というものを得ることは決してないのだ。

人は金を沢山持っている時よりも、少ししか持っていない時のほうが、気前のよいことがあるものだ。多分文なしだと思われるのが嫌だからである。

以後は谷沢の注記である。蔵書拝借の一件に見られる如く、相手が内心いささか得意としているところへ目をつけて、私は貴方が賢明で趣味も高尚で有能な方であると認めておりますと匂わせて交誼を得る方法は、のちデール・カーネギーの世界的ロングセラー『人を動かす』（邦訳創元社）の中に、立場を変えながら人の心を攬《と》る秘訣として応用されている。

山本七平『「空気」の研究』――文春文庫

●その場の空気という我が国では絶対的な妖怪

裁判は、それが開かれる前から一定の法が社会に公示されていて、その法に照らして有罪か無罪かが決められる。しかし世界のすべてにわたり探しても、平和に対する罪、という法は存在しなかった。ゆえにマッカーサーの指令で行われた東京裁判は、基づく法のない架空の判決を下したのであるから無効である。

ところで、はじめから有罪にしようと決めてかかっている裁判官たちを、非常に困惑させた難問がある。ナチスの罪を問うたニュールンベルグ裁判では、戦争を起こした責任者が明白であり、彼等が共謀した事実も証明できた。ところがその方式を真似て成果を挙げようと懸命になった東京裁判では、どれだけ訊問を重ねても、責任者および共謀の痕跡を全く証明できなかった。

被告南次郎が聖戦という言葉を発したので、裁判長に、貴方はなぜそう呼ぶのか、と聞かれた時、南次郎は、その当時の言葉が一般に聖戦と言っておりましたのでその言葉を申しあげたのです、と答えた。重ねて検察官が対中国戦争のどこに聖という字を使うようなこと〈根拠の意〉があるのでしょう、と質したところ、南次郎は、そう詳しく考えておったのではなくして、当時これを聖戦と一般に言っておったものですから、ついそういう言葉を使ったのです、侵略的というような戦ではなくして、状況上余儀なき戦争であったと思っておったのでありました、と説明した。

つまり、当時の陸軍が何事かに対抗して主張を通す際に、それでは部内がおさまらないから、とか、それでは軍の統制を保証し得ないから、などに類する口実を用いた、その呼吸で解って貰えると信じて答えたのである。このような言い方を責任逃れの卑怯な誤魔化しであると解釈した丸山真男（『現代政治の思想と行動』上・昭和31年）は、此処に、軍国支配者の精神形態が露出していると論じた。

この一方的な断罪が根拠に乏しい偏見である、と批判する思考を念頭に置いた山本七平は、南次郎その他の被告全員の用いた論法が、単に陸軍とか外務省派遣の大使などの限られた当局者のみに特有ではなく、実は日本人社会の根強い慣習であるのだと指摘し、多くの読者を眼から鱗が落ちる思いに導き、婉曲ながらもはっきりと反省を促したのである。

実際にわれわれは日常しょっちゅう、ああいう決定になったのは自分として不本意だけれど、あの会議の空気では、賛成するしかなかったからなあ、とか、その場の空気も知らずに偉そうなことを言うな、とか、あのころの社会全般の空気を知らずに批判されても困るなあ、とか、会議の終ったあとの飲み屋などで、愚痴っぽく釈明してお茶を濁すことが多いのではないか。

人間は一般に我が身の安全を保ち、昇進の道を絶ちたくないから、みんなに嫌われて村八分にされたくないので、苦い思いを嚙みしめながらも、その場の空気に逆らう危険を犯さない。

昭和一五年二月、軍部の政治介入を糾問する演説を行った斉藤隆夫は、反論も質疑も許されないまま、衆議院議員を除名された。陸軍海軍の将帥たちは、時代の空気に疑いの意向を示したら我が身を損うと畏れ怯え、空気から爪弾きされないよう、びくびくしながら大勢に順応したのである。

人々を強制した何者かがその場の空気であるなら、空気、の責任は誰も追及できないし、空気がどのような論理的過程を経てそのような結末へ持ち運んでいったかの経緯は、どうにも探究の方法がない。

日本には、抗空気罪、という得体の知れない罪があって、これに逆らうと、最も軽くても村八分という処分を受ける。これは、軍人、非軍人、戦前、戦後、に無関係である、と山本七平は考えた。抗空気罪、とは言い得てまことに巧みであり、隠された日本人社会の特徴を的確に衝いている。

空気、とは大きな絶対権を持った妖怪である。戦争末期における戦艦大和の無意味な出撃より前に、専門家が揃っている海軍の首脳は、作戦としては効がないことを、明白な事実としてわきまえていた。しかし全般の空気よりして、当時も今日も大和の特攻出撃は当然と思う、と時の軍司令部次長小沢治三郎中将が、昭和五十年に至ってもなお、当然であったと回想している。関係者一同はすべて空気に支配されていたのである。

こうなると、統計も資料も分析も、またそれに類する科学的手段や論理的考証も、一切は無駄になる。そういう客観的に妥当な方策をいかほど精緻に組み立てておいても、いざという時になれば、それらの一切が消し飛び、すべてが、空気、に支配されるであろう。これが、日本人社会における集団的決定の実体である。

日本人ほど自分の国の特性を論じることの好きな国民は珍しい。本居宣長はじめ国学者の群れは、日本民族が抜きん出て特異な存在であると強調するため、無理に無理を重ねて理屈を捏ねた。近くは芳賀矢一の『国民性十論』（明治40年）をはじめ、特異論がいかに夥《おびただ》しく積み重ねられたことよ。しかし、それらのすべては理屈で組み立てたプラモデルにすぎない。

それらの空しい系譜を推し戻すかのように、山本七平は日本人の情念を実感で受け止め、情を主眼とする日本人論に新しい局面を開いた。日本人の考え方および感じ方の特性は何か。『山本七平ライブラリー』十六冊（文藝春秋）が、あらゆる角度から多面的に、豊富な例証に基づき解り易く説き聞かせてくれる。

【三十歳】

石橋湛山『石橋湛山評論集』――松尾尊兊編　岩波文庫

●成心のない慧眼の観察提言者の持続力

石橋湛山は明治四十四年、二十七歳で東洋経済新報社に入社、昭和二十一年五月に大蔵大臣就任のため退社するまでのほぼ三十五年間、我が国の政治社会経済から文化一般にわたり、同時代日本の現状についての観察と批判を、世界情勢の推移と照らしながら、常に当面する具体的な課題を解き明かすべく立論を続けた。

特に大正十三年十二月、四十歳で週刊『東洋経済新報』の主幹となってからは、論評が一段と濃やかに視野を広げ積極的になってゆく。当初は部数も少なく姿も細々と見えた『新報』の地位を格上げし、なかんずく経済界の現場で苦闘する経営者の心ある多くの人々から信頼され、新報社の存在を飛躍的に高からしめた。

昭和五年には日本橋本石町に新社屋を建設して枢要の地に進出し、今日の大をなす基礎を築いた。父が日蓮宗の僧侶であったので湛山と命名されたのに因み、東洋山経済寺湛山和尚と親しみをもって呼ばれたほど、『東洋経済新報』はすなわち湛山であると見做されていたのである。

石橋湛山が記した明治の終りから大正昭和前期を通じて終戦直後に及ぶ厖大な論説は、社会経済の綿密な疑うべからざる確固とした統計資料に基づき、経済理論の核心を体得しながらも、謂わゆる経済評論家つまり今日エコノミストと呼ばれている学者傾向の常套とは異なり、難解な術語や学界に特有の文脈などを用いず、素人の誰でも抵抗なく読めて理解されるよう、世間一般が日常に用いている平易な語彙と言い回しを身上とした。関心のある誰にも直ちに納得される明朗な論法を練っている。学者でも評論家でもない、読者に密着した本来のジャーナリストであり、そうであることが己に課せられた使命であると自認していたように思われる。湛山の書く論法は、理論や信念の高みから時代を見下ろすのではなく、あるがままの現実に対応して時の動きに即し、世の流れを目前の姿かたちの通りに捉えて描き出す現実主義者の発想であった。私の見るところ、湛山が社会の動向を見誤ったり勘違いした例はひとつもない。

実に率直で成心のない慧眼の観察者《ウォッチャー》でありながらも、湛山の決定的な特色は、常に必ず当面の問題を打開する方法を提案し続けた真摯な責任感である。明治大正昭和にかけて、時代を批判して罵ったり皮肉ったりした評論家は、升で計って車に積むほど沢山に群り出たが、立言に際して必ず解決策を提示した用意周到な論客は、湛山を除いて誰ひとり見当たらない。

湛山の畏敬すべき先見力と、時代の圧倒的な風潮にただひとり敢然と抵抗する度胸とは、卓然と時代に超越していた。蒙古の来襲に寸毫も怯えず撃退した北条時宗を、頼山陽は、相模太郎胆甕（たんかめ）の如し、と評したが、のち進駐軍の費用はすべて米国が負担せよ、と突っぱね、外人記者団から、ストロングマン、という渾名を奉られた光景にも見られる如く、湛山の度胸は日本人の水準を遥かに抜いて底光りしている。

その代表的に際立っているのは『我に移民の要なし』（大正2年）一篇である。カリフォルニア州議会が日本人移民を禁止したので、我が国が憤激している時、ただひとり湛山は冷静沈着、他国の感情と衝突してまで移民を断行する必要はなく、人種問題は容易に解消できぬ難題であり、我が国が工業を盛んにし、貨物を多く外国に出すことができたら、我が国の経済は十分に自立できる、と説いた。当時の国民感情はこの提案に耳を貸さなかったけれど、湛山の方策が可能であったことは、戦後日本の経済発展が見事に証明した。

この観点を胸中に持していたからこそ、戦後直ちに『更正日本の針路』（昭和20年8月）を書いて、前途は洋々たり、と予言することができた。米国帰りの秀才都留重人の悲観論は間違い、湛山の予言が見事に的中したことは言うまでもない。

中務哲郎・大西英之『ギリシア人ローマ人のことば』――岩波ジュニア新書

●人間社会の不平等という難問の由来

書名では年少者《ジュニア》向けと謙遜する姿勢を示しているけれど、どう致しまして、年長者《シニア》にとっても、ギリシアローマ文化に参入する手掛りとして、何から先に読んだらいいか、楽しみながら工夫させてくれる結構な編集である。

かつて中野重治（昭和28年「旧刊案内」、全集25）は、ああ、学問と経験とのある人が、材料を豊富に集め、手間をかけて、実用ということで心から親切に書いてくれた通俗の本というものは何といいものだろう、と記した。

実用、通俗、この種に分類される惰性に乗って、一般向けの著作を軽視しようとする傾きがあったのは、明治大正昭和期に鎧兜厳めしい学問的専門書をいたずらに尊崇した通弊である。布目潮渢の格式ぶった研究論文よりも、新書版『つくられた暴君と明君 隋の煬帝《ようだい》と唐の太宗』（昭和34年・清水書院）の方が、支那の正史こそどれほど偽りに満ちているかを痛感させられる、という意味で、この分野では本書を最高の名著であると私は評価する。学識の深い良心的な学者は、その蘊蓄を今後もできるだけ一般向きに縮約していただきたい。

ギリシア時代の名言から一句を取り出そう。

曰く、人間の平等とか公平とかいうものは言葉としてあるだけで、実際には存在しないのだ。嗚呼、覚えておこうではないか。人間のかたちづくる社会という構成の、実体を真正面から言い尽くした万古不易の痛い洞察である。

この台詞はギリシア末期の傑作悲劇『フェニキアの女たち』（ちくま文庫）にエウリピデスが書き入れた詠嘆である。この詞句をもっと砕いて最も率直に表現してくれた小説家は山本周五郎、『青べか物語』（新潮文庫）の一節に曰く、最小限度にでも頭脳と胃袋と生殖器の能力が均一でなければ、公平なる分配と所得はあり得ない、と。この判断を覆すに足る現実の証拠を握っている人があるだろうか。人間社会の不平等、これはギリシアの昔から現代に至っても解消されたことのない難問である。

不平等をなくすことができるか、この問いに敢然と答えたのがルソーの『人間不平等起源論』（岩波文庫）であった。ルソーの提言する解決策は実に簡単明瞭である。文明文化の一切全般を壊しきってしまえばよいのだ。

ルソーの考えるところ、身分階層格差はすべて文明の産物である。その根を断ち切るべし、動物の世界にルソーは理想の相互関係を見出した。群れをなすことさえ知らない単体独行、相互に接触さえない密林の原始動物に、人類すべてが退化せよ。人間の世界で男と女とが、出会って契りを結ぶまでに要する労苦にルソーは深く同情した。動物に還れ。雄と雌とは、欲する時欲する場所で、相手構わず、欲情を覚えたその瞬間、いささかも堪える必要なく、情を遂げて満足できるではないか。人間の男と女もそうあるべきだ。

ルソーの時代、動物の行動を観察する学問はまだ発達していなかった。ルソーは動物の世界を現実には知らない。すべてはルソーの妄想であった。現代では、例えば膃肭臍《おっとせい》の生殖をめぐる闘争がいかに残忍冷酷、熾烈を極めるかは誰でも知っている。したがって、ルソーの立論は根拠を失い、論理は破綻し、独創性は雲散霧消した。であるのに現代でもルソーを賛美する説をなす者が少なくない。人間の多くは、いったん思いこんだら常識を失い、前後をわきまえる分別をもなくする。一般に、学者のほとんどはおおむね然りである。闇雲に学者を信用すれば混乱の極みに陥るであろう。

ただしルソーの出発点は正しい。文明文化の進展は、直ちに社会の格差を生み出した。むしろ、人間それぞれの個人差を認め、その現実から眼を逸らさず、逆に、個人差を生かすはからいが、生産力の増大へ繋がったのである。

アダム・スミス（『国富論』ⅠⅡⅢ・中公文庫）が「分業をひきおこす原理について」と題する章に、人類が分業をはじめた智恵によって、社会の利得が画期的に増大した旨を論じた着眼は周知であろう。その時アダム・スミスが、それまで役立たずと罵られ貶《おと》しめられていた偏頗な性格の埒外者までもが、社会の生産活動の過程《プロセス》に組み入れられ、活躍できるようになったと指摘している点は、あまり重要視されていないようである。しかし、この重要な認識こそ、文明の効用を考える上での根本的な礎石となるのではあるまいか。

人類がまだ採集および狩猟を生存の手段としていたころ、とくに動物を狩るに際して乗馬の術を、会得できない者は落伍するしかなかったであろう。しかし農耕の技術が発達するにつれて、体力に劣る者も智恵を働かせ、暦による判断や収納の計算など、役割分担にあずかれるようになったと思われる。

今から百年前、もっと遡って千年前、身体障害者はどうして寿命を全うできたのであろうか。おそらく不可能であったろう。また、深沢七郎の小説『楢山節考』（昭和31年、深沢七郎傑作小説集1）によって思い起こされた姥捨山伝説は決して作り話ではない。そのような生存を保証してくれる条件の乏しかった時代に較べるなら、技術の画期的な進展によって、幾何級数的に生産力が飛躍した現代、以前は社会的に不適格と烙印を捺されていた多くの弱者を、社会が一丸となって救いあげる措置が可能となったではないか。人間と人間との関係に格差があるのを認めない理想主義は、却って弱者の救済に意を用いない。人間社会の実状から目を逸らさない現実主義者のみが、社会の発展に寄与するところ大きいのである。

ウォルター・リップマン『世論』上下 ――― 掛川トミ子訳　岩波文庫

●世間に広く唱えられている議論の目隠し

元来は、輿論《よろん》、と書く。世間に広く唱えられている議論、を指す。AかBかのどちらかという類いの断定的な個人の意味に限らず、世の中一般の考え方を総体として表現した言葉である。漢字制限で輿という文字を世と置きかえたため、輿論を世論《せろん》と読むに至った。

一九二二年（大正11年）第一次大戦後、報道や言論が混乱している原因を探るために書かれた本書は、人間社会において言葉が行き交いする実状を観測し解明した洞察として現代に生きる最も秀れた貢献である。

それぞれの人間は、自分が直接に得た確かな知識に基づいてではなく、頭の中で造りあげた印象、もしくは与えられた映像から出発して物事を考え行っている。

完全に正しく伝えてくれるべく期待されている真実の、すべての要素を洩れなく圧縮して、数カ月の間に特定の場所で起こった事柄を、寸毫の誤りもなく説明することが可能であろうか。どれほど表現能力に秀でた執筆者といえども、完全な達成は覚束ない。なぜなら、言葉というものは、複雑に入り組んだ意味内容を伝える手段として、完璧に行き届いた手続きではないからである。同じ一つの単語でも、記者が頭の中で思い描いていたのと全く同じ考え方を、そっくりそのまま読者の頭に呼びさますことが可能であるか、どうして保証することができるだろうか。

或る特定の人にとって、その人が現在どのような地位に就いており、何の機関と何人たちとに接触する立場にあるか、その人が置かれている条件によって、何を見、聞き、読み、経験できるかが決まるのみならず、何を見、聞き、読み、知ることが許されるかの範囲が定められる。

大抵の場合、われわれの物の見方は、現にそこにある事物の姿かたちと、われわれがそこにある筈だと期待する想念とが、組み合わされた形象《イメージ》である。

天文学者が観察する天体と、恋人たちが仰ぎ見る天体とは、当然のこと同じではない。あらゆる事象は、見る人の性向によって、それぞれ異なった心象となる。

外界の大きく広がり盛んで騒々しい混沌状態の中から、すでにわれわれの伝統文化が、われわれの心を落ち着かせるために用意してくれた物の見方の傾きに合うものを拾い上げる。このように、われわれの身についている物の見方の定まった型を、リップマンは、ステレオタイプと呼んだ。

ステレオタイプとは、活字印刷が普通であった頃、活字で組みあげた印刷面の全体を紙型にとり、そこへ鉛を流しこんで作った複製版を指す。つまり紋切り型、決まり文句、型に嵌まって替り映えのしない表現力や行動様式を指す。

人間は何も彼もをいちいち自分独自の臨機応変で判断するのではなく、社会の習慣や定めの枠の中で型通りに心象《イメージ》を造りあげるのであり、それがすなわちステレオタイプの反応であると、リップマンは指摘している。現代の日本人を縛っているステレオタイプは、テレビによって流される報道《ニュース》の常套文句と語り口であることは言うまでもない。

久米宏によって組み立てられたニュースステーションが、かつて圧倒的な人気番組となり、模倣が続いているのは、あの少し斜に構えてはいるけれど決して根本から反社会的にならないよう、ちょっぴり批判の姿勢を見せかける演技を見て聞いていれば、自分は世論に遅れをとっていないのだと安心させるからである。

日本人は個性的でありたいと念じながらも、同時に世間の風潮に足並みを揃えたいと願っている。大部数の大手新聞から数十万部の各紙まで、これだけ大部数の新聞が発行されているのは世界で日本のみである。日本人ほど世論を気にしてしょっちゅう聞き耳を立てている国民はほかに見当たらない。それゆえこの『世論』という画期的な書物は、特に日本人にとって必読ではなかろうか。

最も馬鹿馬鹿しいのは、新聞社やＮＨＫが非常に好きな世論調査という年中行事である。あの方式は読者や視聴者に真新な白紙を差し出して、さあ御意見をお書き下さいと頼むのではない。あらかじめ箇条書きの設問を用意して、イエスかノーか○×《マルペケ》式の答えを求めるだけのお手軽な便法である。それゆえ設問の仕方をちょっと工夫すれば、問う方が欲している方向へ、答えを簡単に誘導できる。そして最大の欠陥は、応える側が一定の結論に達した理由を絶対に問わず引き出さないという人気投票形式である。その方式は答える方も気分次第で無責任な思いつきの出任せに終るであろう。

リップマンの先蹤《せんしょう》となった古典は、ギュスターヴ・ル・ボンの『群集心理』（講談社学術文庫）である。彼は群集の信念と意見が変化する限界を見極めた。各時代の人々は、網の目のように入り組んだ伝統や意見や習慣にとりまかれていて、その絆から逃れることができないであろうし、またそのために、常に互いがやや似通ったものになる。最も独立不羈の人であっても、その絆から逃れようとは思わない。真の専制と言えば、無意識のうちに人心に加えられる思想的専制以外にない。思想が群集の精神に植えつけられ固定するのに長い期間を要するにしても、その思想が固定から脱するにも、やはり相当の時日が必要である。

二十世紀の世界に最も大きな影響を与えた経済学者ケインズは『雇傭・利子及び貨幣の一般理論』（邦訳東洋経済新報社）の結論としてこう記している。とにもかくにも晩《おそ》かれ早かれ、良かれ悪しかれ、危険となるものは、既得権益ではなく、既成概念なのである、と。

日高普《ひろし》『社会科学入門』――有斐閣新書

●経済を歴史の観点から研究する入門書

自然科学は実験によって検証する手法と経過を意味するから科学である。しかし経済や社会を分析する社会科学や、歴史と文化その他を論じる人文科学は、ともに決して科学ではあり得ない。経済学も歴史学も社会学も、いわんや文芸や絵画に及ぶ研究は、実験を経ない抽象的な議論にとどまるから、研究ではあっても実証を欠く。

しかし戦後の文部省（現・文部科学省）が、分類や呼称や研究費などに科学という名義を乱用したので今も混乱が倍増している。今の段階では世間の通称に即してこの本を推すが、この一冊は経済を歴史の観点から研究する学問への入門書と認めるゆえである。

加えて、本書の叙述は『資本論』に偏りすぎているけれど、中道を行く入門書に日高普を越す筆力を持つ著者が見当たらないので敢て本書を選ぶ。日高普は、宇野弘蔵（著作集十一冊・昭和50年）から大内力（画期的な『日本資本主義の農業問題』昭和23年）へと続く系統に属し、マルクスを学問として研究する学者（『経済学』昭和49年、『マルクスの夢の行方』平成6年）である。決してマルクス主義の主義主張に凝り固まった共産主義者ではない。

かつて評論家の福田恆存《つねあり》が、左翼とさえ見れば、ぼくがもうはじめから認めようとしないというのは、なんといってもひがみですよ（全集1巻345頁）と書いたように、左翼だ右翼だと機械的に分類して褒めたり貶したりするのは愚の骨頂である。

そもそも我が国に本来の左翼、つまり革命家はひとりもいなかった。有名な堺枯川や大杉栄は、新聞雑誌に巧みな文章を書いて名声を得るのに終始したにすぎない。岡田嘉子を伴って樺太国境を越えソ連に走ってソ連政府により処刑された杉本良吉、その他に少なからぬ亡命者たちは、日本国内で革命の実現に尽くす意欲がはじめから無く、自分は共産主義者であるからソ連へ行きさえすれば優遇されると、迷妄に捉われた出世主義者にすぎない。片山潜はコミンテルンの忠犬ハチ公であった。

第二次世界大戦が終るや事情が変った。林達夫（『共産主義的人間』中公文庫）がいち早く指摘したように、ソ連の戦車に蹂躙された途端に社会主義体制に激変した東欧諸国の例を見た途端、我が国の左翼御一同は最も安直な方途を見出した。何も苦労して国内で革命を起こさなくても、ソ連に占領されさえしたら、自分たちは汗をかかずに傀儡政権の要職に就けるのだ。以後は、ソ連を加えての全面講和を唱えて吉田茂に曲学阿世と罵倒された東大総長南原繁はじめ、安保反対闘争を演出した連中も含め、とにもかくにもソ連が攻めこんで来やすい状況を作るべく懸命に努めたと見受けられる。

その中には純粋な正直者も含まれていた。福田恆存からコテンパンに批判された森嶋通夫（『イギリスと日本』昭和58年、御褒美にのち岩波書店が著作集を刊行してくれた）および社会党委員長石橋政嗣（『非武装中立論』昭和55年、増補版58年）のように、ソ連が攻めて来たら直ちに白旗を揚げて降伏しようよ、と提唱する人も現れた。

今は支那の自称人民解放軍が日本を占領してくれるのを待ち遠しく控えている人たちも珍しくない。朝日新聞はじめ各紙は北京政府の御機嫌を損なわないよう社内に言論統制を敷いているし、日本経済新聞に至っては記事を捏造《ねつぞう》してまで北京政府に媚びている。日本の左翼も実体はかくの如し、正直は一生の宝、と昔から言い伝える。野坂参三がダブルスパイであったことが暴露された。我が国に本物の共産主義者は出現していない。

右派と持て囃《はや》されている人たちも、実質は貧寒で見るに耐えない。渡部昇一（『日本史から見た日本人』昭和48年、以降論著多数）のように、左翼全盛時代から率先して対決を続けている筋金入りの愛国者はよほど例外の別格である。ずっとあとになってから、そろそろ首をもたげたうちの三人に触れよう。

入江隆則（『見者ロレンス』昭和49年）は、構文の誤認、動詞の法や時制、修飾語のかかり方および語句や単語の読み違い、引用の誤記多数など致命的な錯誤に満ちている妄断を十三頁（『日本における英国小説研究書誌』昭和55年）にわたり糾弾されて学者生命を失い、以後は愛国屋に商売替えした。

週刊誌によると今は右派の頭目《ドン》にのしあがっているらしい小堀桂一郎（『若き日の森鷗外』昭和44年以下）に何の独創性も見られないのみならず、彼は剽窃《ひょうせつ》隠蔽の常習犯である。その明白な誤訳誤解を、小島憲之が注意した書翰および小川和夫（『東洋大学文学部紀要』11・昭和51年）が発した警告を、重版に際して注意してくれた人の名を記さず、版面の変更を悟られぬよう巧みに字数を合わせて秘かに訂正した。そのあたりで研究を諦めた卑劣漢は靖国神社擁護へと方向を転じて騒ぎだした。それ以後の述作が猿真似にすぎぬ実態を中川八洋が痛烈に弾劾している。

新しい教科書とかをめぐって内紛の醜聞ごとに中心となって動いているらしい藤岡信勝は、共産党の裏工作《ネットワーク》で鳥滸《おこ》がましくも東大教授に招かれただけ、真当な研究業績の皆無な実態は周知である。その子供っぽい主導権争いを八木秀次（『諸君！』平成17年7月）が弔辞のように荘重な面持ちで報告しているのには笑わせられる。以上のような景況であるから、右か左かの詮索は無効であり、要は良心に基づく人か売名の徒であるかの選別であろう。

元へ戻って、日高普は、見せかけの業界術語《ジャルゴン》を操って時代に阿《おも》ねる営業学者と異なり、師の学統を重んじて継承するとは言いながらも、あくまで自主独立を貫く慎重で個性的な思考者であった。その立場から日高普はマックス・ウェーバー（岩波文庫『社会科学方法論』昭和11年）

の言う、法則、を否定する。

日高普曰く、この場合の法則とは、言うまでもなく何らかの繰り返しを規制するものと考えなければならないが、社会現象に関する法則が、人類史におけるどの時期どの社会をとっても無差別に妥当するというようなことはありえまい。

資本主義社会という特殊歴史的社会の個性は、その中で法則的理解が不可能になるような、そういう偶然の個性にほかならない。法則的理解と個性的理解とは単に異なったものとして対立するというような簡単なものではないのである、と。

この資本主義社会という呼称、および、それを特殊社会、と規定するのが当を得ているか否かは、のちに推すブローデルを読みながら検討していただきたい。

日高普は一面また渋味を含む評論家であり、『精神の風通しのために』（昭和51年）『出発点としての崩壊』（昭和58年）『本をまくらに本の夢』（平成8年）『窓をひらく読書』（平成13年）などで読書の楽しみを教えてくれる。

ちなみに、ソ連の崩壊から将棋倒しに続いた社会主義体制の消滅に当り、命を絶ったり悔悟を表明した人が絶無であるのは、共産主義者およびマルクス主義者が、処世術として舞台に登場するための化粧であったと推定できよう。

伊藤整『近代日本人の発想の諸形式』――岩波文庫

●処女崇拝は近代日本の迷信である

明治二十五年十月、北村透谷が、天地愛好すべき者多し、而して尤も愛好すべきは処女の純潔なるかな、処女の純潔《チャスティティ》は人界に於ける黄金、瑠璃、真珠なり、と、女性の生存形態の本然《ほんねん》に背馳《はいち》する妄言を記した独善が、以後の日本女性にどれほど深刻にして多大の悲劇をもたらしたことか。それまで我が国の伝統になかった処女崇拝が、これを契機として広く世を汚染した。

その上、木下尚江（『明治文学研究』創刊号　昭和8年）が、この一句はまさに大砲をぶちこまれた様なものであった、と大袈裟に持ちあげた一節が金科玉条となり、今に至るも透谷信者による辻説法が続いている。

女が何者かに襲われた時の抵抗力は弱い。無頼暴漢《ならずもの》の暴力によって強姦された被害は数えきれないであろう。のみならず父や兄弟や従兄弟や伯父などに目をつけられ金縛りになり近親相姦に及ぶ泣き寝入りは、島崎藤村の例を引くまでもなく、表向き隠蔽されているものも決して珍しくない。

この不可抗力による痛手《ダメージ》は洗浄すれば済む医学上の処置に属するのみである。しかるに突然導入された処女信仰が社会を広く規制したため、女の心に癒しがたい傷を与える結果を生んだ。ただ一度強姦されただけで結婚の資格を失ったと思いつめ、秘かに自殺した人は数知れず、自暴自棄に陥って自ら身を持ち崩した不幸など、明治以降に女が精神の破局に陥った社会種《だね》が俗書に多く書かれた。今も私の手許に『貞操を蹂躙されたらどうなる?』『貞操蹂躙とその裁判』(ともに昭和5年)などが残っている。処女宝玉論は女性の人格を傷つけ精神を狂わせ死に追いやる悪魔の呪言であった。

そもそも処女か否かの厳密な査定は不可能であると、『日本女性の外性器』(平成7年)を無数の症例カラー撮影で示す笠井寛治(『名器の科学』昭和60年、『女が歓ぶ房中術入門』昭和62年、『女の具合い』平成3年、『名器の研究』平成4年)が断言している。

祇園などでは舞妓の処女を提供するという建前の、水揚げ、が実際には女ひとりにつき三回行われていること周知である。万事を心得た最初の旦那が、慎重にそっと挿入しただけでは処女膜にほとんど損傷を与えず、経験の乏しいあとのふたりは騙されているとは気がつかず可憐に喜ぶ。透谷発言のすべてを是認して頌辞《しょうじ》を連ねる世の透谷信者は、専門医ですらできない処女の認定法を、どのように特殊な体験で会得したのか、その秘訣を公開する義務があろう。

伊藤整が『近代日本における「愛」の虚偽』(『思想』昭和33年7月)を書いたのは、透谷に端を発する恋愛至上主義および処女崇拝の迷妄を痛烈に批判するためであった。直接に透谷の名を出さなかったのは、『日本文壇史』（講談社文藝文庫、瀬沼茂樹による書き継ぎを加えて二十五冊）連載中であるゆえ無用の妨害を避けるためであったろう。

詩人（『雪明りの道』大正15年）として出発した伊藤整は、のち小説および評論に進み出て、川端康成（『新人才華』昭和5年5月、全集30）に、われわれの文学に相当はっきりした一歩を印したもの、と認められたあたりまで順風満帆の如くに見えた。しかしその直後、横光利一が小説『機械』（昭和5年9月）を発表するに及んで事情が一変する。

そのころ最新の小説作法と目されていたジェイムス・ジョイスばりの〝意識の流れ〟手法を翻訳や伝聞に基づいて果敢に試みた実験意識を嘉《よみ》すべく、小林秀雄が絶賛（昭和5年11月、『全作品』2）した。その返す刀で、ジョイスを原語で学んでいる伊藤整を容赦なく無惨に切り捨てた（昭和6年3月）。昭和文壇史に突出する異例の辻斬りである。伊藤整にとっては降って湧いた災難であったけれど、菊池寛・横光利一・川端康成・小林秀雄の四人組が揃い踏みする旧『文藝春秋』の盟友集団に睨まれて掣肘《せいちゅう》を加えられたら、もはや文壇の第一線に顔を出せない。

ジェイムス・ジョイスへの言及はやめてD・H・ロレンスに転じるなど、方向を模索しながら伊藤整は隠忍自重せねばならなかった。雌伏六年である。新潮社の『新選純文学叢書』（昭和12年6〜7月）に、昨年『晩年』を刊行したばかりのほやほやの新人太宰治と、登場して十年の自分が肩を並べるという屈辱にも耐えた。その間『馬喰の果』（昭和10年10月）が好評を博し、得能五郎ものを昭和十六年に書き始めるなど、じりじりと匍匐《ほふく》前進が続く。

そして昭和十八年ないし十九年であったか。のちに新潮社の〝天皇〟となる敏腕の編集者、斎藤十一に目をつけられ、新潮社の嘱託となった処置が、伊藤整をして戦後の絢爛たる旺盛な執筆活動を可能とさせた。

伊藤整は皮肉にも小林秀雄と並んで戦後の『新潮』に華を添える。このふたりを偉大な存在たらしめた魔術師が斎藤十一である。

このような過程で文壇の主流から多年にわたり干された痛切な体験が、伊藤整をして、我が国の文壇にはどのような評価軸と展開法則が潜在するのかという難関の論理的解決へと押しやった。その結実が日本文芸史に空前絶後の生態解剖図『小説の方法』（昭和23年、平成18年岩波文庫）である。他の誰をもってしても決して書けないであろう絶品を仕上げることのできた伊藤整は、結果的には稀有の運命に恵まれたと見做し得る。その応用編である『日本文壇史』は余計であった。

伊藤整が本当に書きたかった主題に筆を染めた最初が『若い詩人の肖像』（昭和31年、全集6）である。人間は性に支配され、性によって存在していながら、性を隠蔽することで社交生活し、儀礼的に身づくろいをし、それを露出するものを罰し、それに言及することを下劣なことして生きているのは何故だろう。このように考える若い詩人は、性以上に人間を根本から動揺させる力はない、という事実から来る絶望に至る。

この全身を貫く問題意識から、谷崎潤一郎は、近代文学の範囲を越え、西鶴、紫式部などと比肩する存在として扱われることとなるだろう（『谷崎潤一郎論の文学』昭和45年、全集20）との認定が生れたのである。

昭和期の文芸史を実態に即して理解するためには、『伊藤整全集』二十四冊全体を読み通す粘りこそ必須の道標である。岩波文庫が『小説の認識』と『鳴海仙吉』を加えた措置が喜ばしい。小説『氾濫』は文壇の大勢により貶価され、北原武夫ただひとりが擁護した問題作であるが、『若い詩人の肖像』『火の鳥』『氾濫』『発掘』『変容』の系列を凌ぐ人生直視の作品が他に出現したであろうか。

将来、心ある文学史家によって伊藤整論評史が書かれたら、作家の真摯な問題意識と表現努力が、同時代に真っ当な評価を得るのが、いかに稀れであるか痛感されるであろう。

F・M・コーンフォード『ソクラテス以前以後』――山田道雄訳 岩波文庫

●外なる自然の研究から内なる人間の研究へ

なぜプラトンが伝えるソクラテスの存在が画期的なのか。その問いに答えてこれほど明快にして簡潔な解答は他に見当らない。その要点《ポイント》は、ソクラテスによって哲学が自然の研究から人間の生の研究へと方向転換したからである。コーンフォードの説くところは以下の如くである。どのようにしてソクラテスが、外なる自然の研究から、内なる人間の研究、および社会における人間的行為の諸目的の研究へと、哲学を転回させたのか。

ソクラテスは語り始める。自分は若年の頃、従来の哲学者たちがどのように世界および諸生物の起源を説明しているのか、熱心に学ぼうとした。だがまもなく自分は自然についてのこの学問を断念した。それは、そこに提供されているような種類の説明や理由づけに満足できなかったからである。例えば或る人々は、生命の起源を、熱と冷の作用によって引き起こされた醗酵過程のうちに見出した。だが、そんな説明を聞かされても、ソクラテスには、それによって少しでも自分の智慧が増したようには感じられず、自分はその種の探究に生まれつき才能がないのだと結論した。

われわれはこの話から、ソクラテスが失望したのはなぜなのかを推察することができる。この早い時期の自然学においては、或る物理的な事象が、謂《い》わばばらばらに分解されて、それに先行するか、或いはそれを構成している他の物理的事象に拠って記述されるなら、それで説明されることになるのだと想定された。そのような説明は、その事象が、どのようにして生起したかということの、より詳細な想定の影像を提供する。しかし、その説明は、事象が何故生起したか、をわれわれに教えはしない、とソクラテスは考えた。ソクラテスが求めていた種類の説明は、なぜ、という問いへの理由づけだったからである。

プラトンは、ここにおいて、ただ単にソクラテスの生涯の決定的瞬間というにとどまらぬ、遙かにずっと意義深い事柄を描き出した。ソクラテスという人物における外的世界から内面的世界への転回は、ただソクラテスその人においてだけのことだったのではなく、彼に託された哲学そのものの出来事だった。

その瞬間まで、哲学の眼差しは、自然の刻一刻すがたを変える光景の合理的説明を求めて、専ら外へと向けられていた。だが今や、その視線は、別の領域、つまり、人生の秩序と諸目的という領域、そこを目指した。そして、その領域の中心においては、視線が個人の魂の自然本性へと向かう。以下に述べるように、ソクラテス以前の哲学は、自然の発見とともに始まり、ソクラテスの哲学は、人間の魂の発見をもって開かれるのである。

ソクラテスの人生の座右銘《モットー》として恰好の句は、汝自身を知れ、というデルポイの銘文だった。一体なにゆえに人間はまさにこの時と所を選んで、外的自然の理解よりも、もっと差し迫った問題を、自己自身のうちに見出したのだろうか。

本当なら、哲学は、自分にいちばん身近なところから、すなわち、人間にとってはみずからの魂とみずからの生の意味こそが、生命なき事物の博物学よりも大切だという、了解から始まってもよかった筈だ。なぜ人間は、自然をまず最初に探究したのだろうか。なぜ自己自身を知りたいという要求のほうは、ソクラテスがまさにそれこそ自分の主要な関心事だと宣言するまで、等閑に付していたのだろうか。

そもそも、この宇宙はひとつの自然的全体であり、それ自体としての不変なあり方を持っている。すなわち、人間の理性によって認識されうるが、しかし、実際行動による支配は及ばぬようなあり方を有していることが理解された時、そこで科学は始まる。こういう視点への到達は、実は、大変な達成であったと言える。その姿勢は、対象を主観から完全に切り離し、行動上の利害関心を払拭した思考によって思索しうるような精神態度の成立である。この態度から生み出された果実は、世界についての最初の体系的説明であって、真実あるがままの世界の合理的構築たることを標榜しうるものであった。

しかし、プラトンもクセノポンもアリストテレスも、つまりわれわれが信頼しうる権威筋はみんな揃って、ソクラテスは若くして自然学的探究の方法と成果に幻滅したのち、世界の起源というような問題は二度と論じなかったと断言している。

すなわち、学者たちは人間的関心事についてはもう十分知悉《ちしつ》しており、人間界の外にあって人間の真理発見能力を超えるような事物の研究のためには、そんな問題は無視したってやっていけるとでも思っているのか、とソクラテスは尋ねるのである。

ソクラテスという人物の核心をなす特性は、そもそも何を知ることができて何を知ることができないか、そして根拠が吟味されないまま知識を装うことがどれほど危険かを嗅ぎ分ける透徹した感覚にある。哲学は、科学者に対してどのようにしてその科学理論を構想するに至ったか、それは妥当な理論かどうかを尋ねる権利を有する、とソクラテスは考えを進めたのである。

若き日の私はまず岡田正三訳全集を十一冊（昭和26年）まで読んだ。そのあと田中美知太郎を中心とする邦訳全集十六冊（昭和53年）の刊行に感謝した。特に項目ごと本文の提示を行った総索引に感嘆した。

さらに定年後『プラトン』四冊（昭和54〜59年）の著作に没頭した田中美知太郎の意欲に強い感銘を受けたのを忘れない。

アイザック・アシモフ『黒後家蜘蛛の会』五冊——池央耿訳　創元推理文庫

●動かない聞くだけの推理探偵

推理小説と呼ばれている分野《ジャンル》に、正真正銘の推理が書かれた例はない。

大正十四年、江戸川乱歩（『悪人志願』昭和4年）は次の如く率直に喝破した。

「私は日夜、如何にして重罪を犯すべきかを考え耽ります。探偵小説の骨は、恐ろしい、或いは風変わりな、犯罪を想像することであります。それさえ出来れば、探偵の方は比較的楽に行きます。その証拠に、推理的だといわれるドイルのシャーロック・ホームズ物語を見ますと、一見如何にも推理的で、探偵径路の描写に力を注いでいる様でありますが、よくよく分析して見れば、やっぱり犯罪の方法が風変りであったり、独創的であったりするので、その為に探偵の方が引き立てられて、さも推理的に見えるものであります。換言すれば、ホームズ物には殆ど推理はないのであります。」

これほど見事に推理小説の内実を鮮やかに解き明かした名言は他にはないと思われる。さよう、推理小説のすべては作り事であり虚構である。しかし、はじめから知的娯楽であると割り切って見れば、これはかなり高尚な部類ではなかろうか。

世界の名作と讃えられて、我が国では純文学と呼ばれる高級な小説には、描写の巧みさを誇るための工芸品、一応は上品な言い回しの腕比べが多数を占める。人間性に迫って描き、社会に交わる知恵を授けてくれるという点では、むしろ通俗小説の方が守備範囲も広く、話題が豊富なため読者を人間通に仕立ててあげてくれる。

そして種類の多い通俗文芸の中で、最も工夫を凝らしているのは推理小説である。この知的遊戯を楽しむ癖を、身につけておくのも悪くはなかろう。別に系統をわきまえ順序を立てる必要はない。手当り次第の選りどり見どりで結構だ。請求すれば無料で送ってくるから、『ハヤカワ・ミステリ解説目録』と『創元推理文庫解説目録』とを手許に置くだけでよい。

作者と読者との知的競技としては、安楽椅子探偵《アームチェア・ディテクティブ》がさしあたり適当ではなかろうか。原則として探偵役が捜査調査の行動を起こさない。犯人を割り出すための痕跡を聞いただけで頭を働かせ推理するという建前である。オルツィの『隅の老人』（ハヤカワ・創元）では、老人が法廷の審問に出掛けたりするので枠から外されるけれど、直接犯人探しに動くわけではないから、この方面では先駆をなすと認めてよかろう。

動かない聞くだけの探偵では、アシモフの連作が新しく出現した傑作である。口うるさい連中が情報交換しながら思案に困っている難問を、それまで聞くともなしに黙って聞いていた老給仕のヘンリーが、控え目にあっさり解決するという趣向である。手掛かりは会話のなかに埋めてあるのだから、注意深さを養い勘を鋭くする練習《レッスン》として、短篇だから一刻を楽しませてくれるであろう。

動かない探偵の古典としては、『シャーロックホームズのライヴァルたち』シリーズ（創元）が巻を重ねている。近いところでは、ハリイ・ケメルマン『九マイルには遠すぎる』および、ジェイムズ・ヤッフェ『ママは何でも知っている』（共にハヤカワ）が秀逸であろう。

百冊を超すペリー・メイスンの活躍で知られるE・S・ガードナーの、『レスター・リースの冒険』『新冒険』（ハヤカワ）、『怪盗と接吻と女たち』（講談社文庫）、『ガードナー傑作集』（番町書房）はあまり評判にならないけれど、この方面でもガードナーの構想は冴えている。窃盗犯が逮捕されたけれど、高価な盗品の隠匿方法については口を割らない、という新聞記事だけから、若い富豪レスター・リースが、推理で先捕りした宝物を福祉方面へ醵金《きょきん》する。そのために突拍子もない幾つかの道具を用意させはするものの、それをどう役立てるのか見当もつかないというところが味噌である。

我が国には岡本綺堂が発案した捕物帳という応用のきく様式があって、中には居座っての謎解きも見られる。山本周五郎の『五瓣の椿』『町奉行日記』『寝ぼけ署長』（共に新潮文庫）もこの範疇に属するであろう。都築道夫が『退職刑事』シリーズ（創元）に努めるところ多く、新たに風野真知雄の『勝小吉事件帖』（祥伝社文庫）が加わった。勝海舟の父である『夢酔独言』（平凡社東洋文庫）の著者が、若き日に座敷牢の中で推理する。

これらすべてに超越する別格がチェスタトンのブラウン神父シリーズ五冊（創元）である。中でも『折れた剣』は、世界短篇名作選集を選ぶのにどれだけ厳しく絞りこんでも落とせない感嘆すべき傑作であり、古今東西世界史のすべてを通じて、支配する立場の上層官僚が、利権を取りこみ確保する万古不変の手筈手法手段、その機構を暗示する表現力が秀逸である。

神父が問う。賢い人間はどこへ木の葉を隠すかな？　それは森の中に。聞かれた方は答えない。神父は言葉を継ぐ。もし森がなかったら、彼は森を作るだろう。そこで、もし枯葉を隠したかったら、彼は枯葉を作るだろう。何の答えもない。神父はなおさらおだやかに静かにつけくわえた——そこで、もし或る男が一つの死体を隠さねばならんとしたら、彼はそのために死体の山を作るだろうさ。

江戸川乱歩は『類別トリック集成』（『続・幻影城』昭和29年）に、洩れなく殺人トリックの発案を集覧し、チェスタトンの功績を高く評価した。それもさることながら、チェスタトンの独創は、人間心理の盲点を、あらゆる方面から衝く洞察であった。人間に見えないもの、人間が見ようとしないもの、己の意識で捉えられないものがいかに多いかを、われわれに手を変え品を変え語りかけているのである。

河盛好蔵『人とつき合う法』——新潮文庫

●人生行路に必要不可欠な気配りの知恵

戦前にフランス文学科を出た人に、学究として立つ道がほとんどなかった。旧制高等学校では、英語およびドイツ語の教授職は開かれていたが、フランス語では専任として就職できなかったのである。そこで浪人たちは翻訳に精を出したゆえ、英文学やドイツ文学よりも、フランス文学の訳し方が一般にひときわ熟達した。

河盛好蔵は当初から視野が広く、特にモンテーニュやラ・ロシュフコーをはじめとして、人間性の探求に重きを置く系譜に親炙している。処女作『佛蘭西文学随想』（昭和16年）に収める「フランスのモラリスト」は当時の水準を抜いていた。

またこの人は生来ジャーナリズムの感覚が鋭く、『キュリー夫人伝』（邦訳昭和13年）のような大ヒットを企画するなど、出版界に寄与する嗅覚に秀でた。特に昭和二十年十二月、新潮社に入り、『新潮』の編集をはじめ文芸書出版の企画に携わり、ジャーナリズム感覚に磨きをかけた。以後はモラリスト風の随想に特色を見せ、『人間読本』（昭和41年）その他多くのエッセイ、『フランス文壇史』（昭和36年）以降の我が国との比較的視座による文芸研究、モラヴィア

『倦怠』（昭和40年）など各種の翻訳と、三筋に同時進行する活躍を見せた。

週刊誌をはじめて百万部の大台に乗せた『週刊朝日』の辣腕編集長扇谷正造に勧められて執筆した『人とつき合う法』は、分量がそれほど多くはないにしても、エッセイスト河盛好蔵のおそらく代表作ではなかろうか。見たところ何気ない思いつきを装った筆致ながら、人生行路で得た気配りの知恵を、よくよく考えて簡明に圧縮した人間学の教科書である。

ひとりぼっちでは生きてゆけないわれわれ一般人にとって、才能ゆたかに生まれついた芸術家型《タイプ》のような、孤高を持して狷介《けんかい》を貫ぬく身勝手な振る舞いはできない。世に出て広い範囲にわたる多くのさまざまな個性と交わり、対人関係のおのずからな調整を進めるには、ひとかたならぬ自然な気配りが欠かせない。河盛好蔵ならではの眼光による観察と自戒の勘所を聞こう。

「君子の交わりは淡きこと水の如し、という有名な格言がある。ある人の解釈によると、これは、君子の交わりには金銭が伴わない、という意味だそうである。人間のつき合いに金銭がからんでくると、どうしてもその交わりが濁ってくる。兄弟もただならぬほど親しい交わりをしていた親友同士が、急に仇敵のようになることは珍しいことではないが、その原因を探ってみると、金銭問題に端を発していることが少なくない。金銭の負担は、たとえどんなにささやかなものであっても、お互いに迷惑をかけないように心がけることは、人とつき合う上に、何よりも大切なことである。割勘主義も、そのための一つの配慮である。君子は交わるに割勘主義をもってす、と言ったら言いすぎになるであろうか。

割勘と言っても、それは同僚や友人のあいだでやるべきことで、目上の人や先輩と食事を共にしたときに、そんなことをしたら、失礼に当たると考える人は多いであろう。たしかに、せっかく本当の好意からご馳走してやったのに、先輩、勘定は割勘にして下さい、などと言う後輩がいたら、きっとイヤなやつだと思われるにちがいない。しかし先輩にはタカるものという考え方もどうであろうか。相手が先輩であっても、みだりにおごってもらうべきではない。」

本書でいちばん印象的なのは「悪口について」の章であり、ここに描かれた微妙な呼吸を意に介さないと、失敗したり隔てを設けられたりする恐れがあるので注意したい。河盛好蔵の忠告は次の如くである。

「江戸中期の国学者で歌人の村田春海は、うなぎのかば焼と人の悪口が一番好きだ、と言ったという話を聞いたことがある。私も以前ある雑誌で、現代五つの楽しみ、について書かされたとき、人の悪口を言う楽しみをその第一にあげた。その理由として、碁や将棋のできない人間はあっても、悪口の言えない人間は世のなかには存在しないから、われわれは、いかなる所でも、またどんな人間を相手にしても、この楽しみにふけることができる。そのうえ一文も金のかからないところがますますありがたい、と書いたことをおぼえている。

言いかえると、人の悪口を言うことは、人とつき合う上において、必要欠くべからざるエチケットなのである。だれかが諸君に向かって、その場にいない共通の友人や先輩の悪口を言い出したとき、そんなことはいっこう諸君の興味をそそらないばあいでも、おや、君もそう思うかい、と合づちを打つのはもちろん、それに輪をかけた悪口をあとからあとへと持ち出せば、その場の空気がにわかに活気をおびてくるのは、われわれの常に経験するところである。」

確かに深瀬基寛教授（『深瀬基寛集』二冊・昭和43年）も、お互いにイヤなやつだと思っている共通の友人をサカナにして酒を飲む時ほど、話の弾むことはない、と書いていた。もっとも教授は、翌日になって感じる自己嫌悪と後味の悪さについても、正直に告白していたが。

ひとの尻馬に乗って、共通の友人や先輩の悪口を無責任にしゃべることの軽薄なのは言うまでもない。しかし、そういう仲間には決して入らず、人の悪口が始まると、苦々しそうな顔をして席を立って行く人が、必ずしも常に君子というわけにはまいらない。

十九世紀末のフランスの文学者にジュール・ド・ゴンクールという人がいる。浮世絵についての著作のある小説家で、例のゴンクール賞を作った人であるが、この人は公の場所で、他人の悪口などは決して言わない温厚な長者であった。しかし、死後彼の日記を調べてみると、友人や同時代の作家たちの悪口がどっさり書いてあって、それらの人たちが生きている間は、完全な形でその日記の刊行が許されないほどだった（邦訳『ゴンクウルの日記』三冊まで・昭和22〜24年）。つまりゴンクールは、人の前では、他人の悪口を言わなかったが、日記の中では、思い切りそれをぶちまけていたのである。

ゴンクールは、いわゆる内向型の人間で、私なぞは、この種の人よりも、人前をはばからずに思ったことをどしどし言う人の方が好きである。その種の人の方がつき合いやすい。ものを書くと、思い切った毒舌を吐く人で、直接会ってみると、まことにおだやかで、如才ない人がよくいるものだが、私などにはどうしても苦手である。

随筆、と類別すれば、気取った文学臭が連想されるゆえ、中野重治はちょっと遜《へりくだ》って、自分の書いた文章を、雑文、と称するのを常としたので、今は一般の通用語となっている。

河盛好蔵は雑文の名手であった。肩に力が入りすぎたような力作を並べた雑誌の中に、さらりとした筆致の河盛好蔵による雑文が交えてあると、立ち止まってほっと息抜きする気分を楽しめたものである。

ところがさて思い出の雑文を蒐《あつ》め、『私の随想選』の七冊が刊行されてみると、何とも歯ごたえがなく拍子抜けする思いであった。鈍刀を振り回しているかのように頼りない。何処にも悪口が記されていないからである。悪口の効用を知悉している筈の夫子御自身が、胡椒で味つけする手筈を怠ったからであろう。

飛ヶ谷《ひがや》美穂子『漱石の源泉』

慶應義塾大学出版会

●漱石の偉大さが根柢からはじめて証明された

明治四十年七月、畔柳芥舟《くろやなぎかいしゅう》が『文談花談』を刊行し、比較文学を日本に創始せざるべからず、と提唱して以来、文芸を国際的な観点から研究せねばならぬのは自明となった。しかしこの課題、言うは易くして目指す実行と成果は甚だ難しい。外国語にどれほど堪能であるにしても、それだけでは中野重治が蔑称したように、通弁、としての役割にとどまる。他国の文芸を奥深く理解するのみでは外国文学の研究者であるにすぎない。その学力と同等あるいはそれ以上に、日本文芸の骨髄を会得するまでの勉強が必要である。

折口信夫は『古代研究』の「追ひ書き」（昭和5年）に、比較能力における類化性能と別化性能の差異に言及した。つまり、類似点を直観する傾向と、とっさに差異点を感得する受け止め方とである。本来なら二種の性能が融合しているのが望ましいけれど、なかなかそうはいかぬのが通例であろう。それゆえ比較文学研究が実際に成果を挙げた例は乏しい。土居光知の『文学序説』（大正11年、著作集5）が同時代に感嘆されたのは、理想とされる型に最も近いと見做されたゆえであろう。

土居光知の達成を例外として、我が国で文芸の比較研究が最も進んだのは、支那の俗文芸を咀嚼して換骨奪胎した日本近世小説の研究である。山口剛（『近世小説』上中下、刊行は遅れて昭和16年）が大きく踏み出し、石崎又造（『近世日本に於ける支那俗語文学史』昭和15年）による精錬を経て、中村幸彦（『著述集』7『近世比較文学攷』）に至る解明は、いずれも壷を押さえた範例となっている。

戦後は、東京大学に着任した、島田謹二の個性による饒舌体が党派を形成し、最も実証的な神田孝夫（『比較文学論攷』平成13年）は主流から外される格好となり、小堀桂一郎（『若き日の森鷗外』昭和44年）のような独創性《オリジナリティー》のない事大主義の選挙応援演説が幅を利かせ、日本比較文学会に対立する牙城を築いた。学者の世界では党派が垣根をめぐらせるのは通常であるものの、比較文学研究者の間では、特にその現象が著しい。

それゆえ、慶応の出身で学界に身を置かない飛《ひ》ヶ《が》谷《や》美穂子が『漱石の源泉 創造への階梯《かいてい》』（平成14年）を刊行した時、書評の筆を執った飯島武文も松村昌家も高く評価せぬよう言葉を濁し、小谷野敦に至っては、まあメレディスの長篇をいくつも原書で読んだだけでも多としようか、と嘲笑する始末であった。千石英世にしたって何を言いたいのか読み取れない。平素から学界での遊泳を心掛けていない埒外者へのお仕置きであろうか。

私は、私個人の面目にかけて、本書を、我が国における欧州文芸との比較文学研究史上、最高の達成であると評価する。言い換えるなら、比較文学研究の手法によって、我が国の作家がいかに優れているかを考証したはじめての成果であると極めをつけたいのである。

これまで、日本の作家が外国文芸に材源を求めた経過が見出されるたびに、当該作家の存在理由が縮まって見えるのが常であった。例えば尾崎紅葉の場合が然りであったのを思い出す。つまり独創性の目盛りを示す針が下へ動くのである。けれども本書だけは違う。効果が逆転した。漱石が英国の小説を、前人未踏の程度にまで、感嘆に値するほど血肉化した事情が、誤解の余地なく実証された。

材源の見極めが明瞭であればあるほど、当該作家の影像が今までより痩せて見える従来の傾向とは逆に、漱石の真価が本書によってようやく奥底まで照らし出されている。なるほど他の作家とは比較できぬ逞しい土性骨《どしょうぼね》が漱石の身上であったと納得させられる。

文芸は先行文芸の深い味読によって、新しい時代へ発展するのであると思い知らされた。本書の主題は漱石ひとりに限定されているけれど、示唆するところは個人を越えて遥かに大きい。国際的な接触と共鳴と理解とが、作家ひとりの成長にとどまらず、一国の文芸の水準を、次第に高めてゆく動因であるとの観察が導き出されよう。このような結実こそ文芸研究の本流ではないか。本書は、文学史を構想する上での高度な導きの糸を与えてくれた。私は深く感謝の意を表する。

『日本の美術』既刊百十九冊

●衒学臭を脱した美術史の簡潔な要約

至文堂

源氏物語の絵画化は、当時の用語で源氏絵と呼ばれた。原作の成立から早くも一世紀後企てられ、さまざまな人たちによる企画と製作は、鎌倉時代から室町時代に入って些《いささ》かも衰えない。その結果、物語の各帖、各段から選ばれる情景は次第に固定化し、図柄にもまた一定の型が生じてゆく。同時にまた製作分野の幅は美術工芸の領域広くに及び、時代を経るごとに多様な装飾意匠への応用が試みられる。桃山時代から江戸初期にかけて、宮廷に密着する土佐派の画人のみならず、新興の各流各派の意気盛んな作家たちが生み出した源氏絵の数々は、期せずして伝統と創造の綾なす絢爛たる展開を示す。源氏絵は、王朝の伝統と近世に興起する新しい美術志向とを繋ぐ、有力な連環のひとつとなった。

この脈動は、欧州の美術史において、希臘羅馬《ギリシアローマ》の神話や旧約新約の物語や聖者伝などが、時代を越えて表現され続けた事情にも例えられる。同じ物語の主題が時代によってさまざまに解釈され新しい図様を生み出しながら、一方でまた変らぬ要素を持ち続ける脈絡にも比定できる。

或いは時代を降って茶室を例にとろう。数奇屋《すきや》と呼ばれるこの特殊な建物は、路地または露地と呼ばれる庭を伴って、その建物と庭とを分かつことのできかねるひとつのまとまりをなしている。数奇屋造は、のち茶室に続く書院座敷にも入り込み、我が国の住居様式を決定づけるに至った。このように始まる茶室についての記述は、数奇屋造に特有な構造を指す特別な呼称と用語の数々が、僅か一頁の中で詳しく解説され、この分野を理解するための手掛かりが簡潔に要約されている。

この簡潔な要約が、現今の研究成果に即して懇切に展開され、しかも新たに撮影された豊富な図版も、効果的に掲げられているというところに、この継続出版《シリーズ》ならではのイノチがある。

昭和四十一年五月に始まるこの月刊叢書が今や五百号に達せんとし、その上、最近号でも、百頁に垂《なんな》んとする分量にも関わらず、一冊一五七一円プラス税の頒価を維持しているのは出版社の心意気である。これほどお手軽にして内容の充実した刊行物は珍しい。スーパーの折込広告ではないけれど、お得ですよ、とつい呼びかけたくなる。

少し前に流行った美術全集の類いは、大冊の函入にして重く高価、今は古書店の持て余し物となっている。それらの編集と解説には、美術史学界のお歴々が出馬したけれど、要するに利権争奪戦の結果であるにすぎない。権威に胡坐をかいた冗漫にして内容空疎な解説のほとんどは読むに堪えなかった。

この『日本の美術』だけは、従来の美術全集群と編集方針を異にする。退屈で無神経な美術史のだらだら概説が見られない、叙述が一貫して簡潔であるのみならず、細部にわたる研究成果が実に要領よくまとめられている。どうやら権威主義がのさばり出るのを排したようである。

頭に置いておくべき用語を洩らさず採り上げながら僅かな辞句で、急ぎ足のようにさっさと解説を続けてゆく。展覧会の図録にいつも出喰わす、あの様子ぶったオベンチャラときっぱり訣別している。学識をひけらかす下卑た姿勢が見られない。

書評などで絶賛されている美術史叙述の著者たちが、すべて高位の肩書つきで登場するのはお気づきであろう。ほとんどは姓名の上に何々しかじか長という一字が輝いている。何処にでも散在する学界という臭気紛々たる嫌らしさを煮詰めた標本が美術史学界であろう。松本清張が繰り返し度重ねて小説に描いているから、一般にご存知であろうけれど、例えば「真贋の森」（全集37）を思い出していただきたい。

私はほとんどの美術全集を読み漁った末『日本の美術』を推すと決めた。何しろ採りあげる主題が次々と際限なく広がってゆく。『狩野探幽』『光琳』『池大雅』『広重』『寫楽』などの大物だけではない。近年注目されている『雪村と関東水墨画』という風な括りも好もしい。何しろ第一号が『装身具』であった呼吸で『神道美術』その他に及ぶ。『明月記』は「巻子本《かんすぼん》の姿」と副題するように、書誌学の視座を特に重んじる。揃える必要はない。一冊ずつお好み次第の選択をどうぞ。

【四十歳】

シャルル・ボードレール『ボードレール批評』――阿部良雄訳　ちくま学芸文庫四冊

●実作者によらぬ評論は理窟の遊戯である

私は文学論議というものにはどういう関心もない、と司馬遼太郎（『街道をゆく』1・朝日文庫）が明言した。

謂《い》わゆる文学理論のすべては、そのような学問の分野を作りあげ学者面をして世渡りしたい売名欲の強い人たちによる捏造であって、架空に描き出されてはかなく消える虹にすぎない。皮肉上手のサマセット・モーム（邦訳『コスモポリタン』）は、コロムビア大学の教授ふたりが書いた『近代小説』と題する小型の本に謝意を表しながらも、最後にこう附言した。すなわち、残念ながら、それらの作品のもつ「面白さ」というものについて触れた箇所がこの本にはないのである。小説は読者の思考を刺戟することもあろう。また美的感覚を満足させることもあろう。さらに道徳的感情をかきたてることもあろう。しかし、もし読者をたのしませることができなければ、それはまずい小説である、と。

読者を感興にひきずりこんで堪能させるために、全精神を灼熱させ、表現の工夫を重ねた経験のない者に、文芸作品を構成する秘密が理解できよう筈がない。

文芸評論もまた然りである。ミハイル・バフチンのような稀有の才能は格別として、評論もまた創作心理の秘められた扉を開く鍵ではない。『小林秀雄初期文芸論集』（岩波文庫）は誰が読んでも面白いであろうけれど、その拠って来たるところは、世にはこんなに鮮やかな啖呵を切る語り口があるものか、という珍品に出会った驚きである。この一冊によって昭和前期における文壇小説に、秘められた工夫と苦心へ想到できるわけではない。

文芸および美術について何事かを会得するためには、名作を創造し得た実作者による長短の批評に接するのが、せめてもの思いをめぐらせる契機《きっかけ》であろう。近世期の『馬琴評答集』（影印本 昭和48年）は読解にかなりの準備を要するから今は措《お》いておく。近代期の作者による評論では、正宗白鳥（全集19〜24・昭和57年）、田山花袋（定本全集26 27、他にも時評の収録洩れが多い）、広津和郎（『初期文芸論集』文庫版品切）、宇野浩二（全集10 12）、芥川龍之介（全集二十三冊に散在）、菊池寛（全集22補巻2）、佐藤春夫（定本全集19〜26・平成12年）、室生犀星（全集10・昭和39年）、川端康成（講談社学術文庫『文藝時評』品切か、全集29〜33・昭和57年）、伊藤整（『小説の方法』岩波文庫、全集13〜20）、高見順（全集14〜16・昭和46年）、北原武夫（『文学と倫理』昭和15年その他）、三島由紀夫（『三島由紀夫評論全集』四冊品切、講談社文芸文庫『三島由紀夫文学論集』三冊は何の為の編集か解らない）、開高健（全集14・平成3年）、丸谷才一（『丸谷才一批評集』六冊・平成8年）、河野多恵子（全集9・平成7

年）、山崎正和（著作集14〜16・昭和57年）などに、少なくとも私は教わるところ大きかった。

子供の時分から雑読乱読を続けた私ではあるが、最初のうち詩を読み解く術に見当がつかない。ところで或る時、永井荷風の訳詩『珊瑚集』（大正2年）の巻頭「死のよろこび」一篇を読むに至り、生意気ながらはじめて詩とは何かという勘所を自覚したように思えた。

二十歳を過ぎて遅蒔きながら仏蘭西語《フランス》をちょっとかじったのは、ボードレールとヴァレリーを原語で読みたかったからである。阿部良雄が個人訳『ボードレール全集』六冊（平成5年）とは別に『批評』四冊を編んでくれたのは有難い。

ボードレールの筆法は例えば次の如し。以下はすべて阿部良雄の訳文である。

「作者が『レ・ミゼラブル』において、もろもろの生命ある抽象、理想的な諸人物そのおのおのが作者の主張の展開に必要な主要典型の一つを表象しつつ、叙事詩的な高みにまで到達するような諸人物を創出しようと欲したのであることは、まことに明白だ。一個の一般性を表出するに当っての誇張的《イベル》な流儀によってそうであるのに過ぎない。ヴィクトール・ユゴーがこの小説を着想し築き上げた流儀、一般には特殊な諸作品に宛てられるべき豊かな諸要素（抒情的感覚、叙事的感覚、哲学的感覚）を、得も言われぬ溶融のうちに投じてそこから新たなるコリントス（訳者注、古代ギリシャにおいてコリントスは青銅の産地として知られる）の金属を作り出した流儀は、今ひとたび、あの宿命、より若き日の彼を駆って、古き頌詩《オード》と古き悲劇とを、

われわれの知る点にまで、すなわち、われわれの知る詩篇やドラマにまで変容せしめた。あの宿命を、確証するのだ。(中略)

ヴァルジャンとは、素朴で、無垢な獣である。無知な無産者であり、われわれの皆が赦すであろうに違いない過ち(一件のパンの窃盗)を犯したのだが、法に従って罰せられ、悪の学校、すなわち徒刑場に投げこまれる。そこで、彼の精神は奴隷状態の重苦しい瞑想のうちに形成され、鋭敏なものになる。ついには、抜け目のない、怖るべき、危険なものとなって出所する。あたたかく迎え入れてくれた司教に報いるに、新たな窃盗をもってする。だが司教は、赦しと隣人愛こそはあらゆる暗闇を消散させることのできる唯一の光明だと確信し、美しい嘘でもって彼を救う。事実、この良心の点火は行われるが、習慣となってまだこの男の中に残っている獣が、彼を再度の失墜へと引きこむのをさまたげるほどには、十分早く行われないのである。ヴァルジャン(今ではマドレーヌ氏)は、有徳にして富裕な有力者となっている。自分が来る前には貧しかったある町を豊かにし、その市長となっており、この町を開花させたと言ってもいいほどである。彼はどこに出しても恥しくない身分という、すばらしい外衣を手に入れていたのだ。さまざまな慈善行為に身を包み、鎧《よろ》っている。ところがある不吉な日がやってきて、贋のヴァルジャン、無能で下劣な、瓜二つの男が、彼の代りに処刑されようとしているのを知る。どうすればよいか? 内面の掟、良心が彼に、自首して出ることにより、彼の新生活の苦しくも輝かしいこの足場をすべて自分の手で取りこわすように命ずるというのは、本当に確かなことだろうか?」

以下は谷沢附記。批評家であり得る資格のひとつに、当面する作品の梗概を、縮約して語り告げる手腕を挙げよう。

いきなり論評を始めたら読者が途惑う。粗筋を簡潔に紹介して自然に興味を起こさせる配慮が欠かせない。字数《スペース》を窮屈に指定された短評《コラム》や時評は別として、本来の批評は論じるのではなく、親近感を誘う語りを主眼とする。

それゆえ、『現代文学論大系』八冊および増補版『近代文学評論大系』十冊に採られている堅苦しい論議に教わるところ乏しく、『「新潮」作家論集』三冊に蒐《あつ》められている類いの、寛いだ姿勢から感得できる読解の呼吸が重んじられるべきである。

塩野七生『海の都の物語』上下——中公文庫

●政治の成功と失敗の岐《わか》れ道

「ヴェネツィア共和国の一千年」と副題する気宇壮大な構想である。現代日本人の眼で細やかに描かれた外国の歴史として、これほど面白く深い感慨を誘う述作はほかに見当らない。著者が脂の乗りきった時期に精根こめて描きあげた代表作である。

紀元一千年当時、ヴェネツィア共和国は、アドリア海の海賊に対する〝警察〟の役割を果たし、その代償として、ヴェネツィア商人の全ビザンチン領での完全な自由通商権を確立し得たうえ、コンスタンティノープルの中心地、金角湾沿いに治外法権のヴェネツィア居住区を置く許しを得た。ヴェネツィアの商業は、一貫した方針を基盤とする〝行政指導〟によって、国家の強力なバックアップを享受する立場にある。一丸となったヴェネツィア商人が仕掛けてくる攻勢に、ビザンチン商人は対抗できない。古来、軍事力と政治力に後押しされないで、自由通商の栄えた地域があったろうか。

「現実主義者は、個人であれ国家にせよ、なぜ常に憎まれてきたのだろう」と、戦後の日本人であればこその質問を受けたことのある塩野七生は、今ならこう答えるだろう、と記している。「現実主義者が憎まれるのは、彼等が口に出して言わなくても、現実主義者自身が現実に即して行動するものだから、それによって、理想主義は実に滑稽な存在であり、理想主義者の考えと行動が、この人々の理想を実現するのに、最も不適当であるという事実を、自由のもとにさらしてしまうからなのです。理想主義者と自認している人々は、自らの方法上の誤りを悟るほどは賢くはないけれど、彼等自身が滑稽な存在にされたこと、および、彼等が最善であると唱えた行き方が、少しも自分たちが予想した効果を生まなかったということを感じないほどは愚かでないので、実効を奏した現実主義者を憎むようになるのです。だから、現実主義者が憎まれるのは、宿命とでも言うしかありません。理想主義者は、しばしば、敵の理想主義者を愛するものです」。

この巧みに表現された婉曲で辛辣な光源が、波瀾に富むイタリア政治史とのよく磨かれた合わせ鏡で、戦後日本の潮流を諷刺し続ける塩野史学の主導調である。

十四世紀、ヴェネツィアは以後五百年間も続く政体の基本を定めた。改革の推進者は三十八歳になったばかりのピエトロ・グラデニーゴである。ヴェネツィア人もまた、政治能力に優れた政体を整える必要を感じていた。ところが、中世では最も商人的な国家と言われたヴェネツィアは、ミラノやジェノヴァやフィレンチェとは異なる政体を創り出したのである。そのややこしい手続きの仕組みは本書のてきぱきした説明に任せるとして、どれほど工夫を凝らした民主制度でも、権力の集中を未然に防ぐのがいかに難かしかったかを嘆ずるにとどめよう。

塩野七生は国の衰退という歴史の謎に注目する。歴史家は、国の衰退が、その国の国民の精神の衰微によると言う。だが、なぜ衰微したかについては、納得できるような説明を与えてくれない。だが、少なくともヴェネツィア史に関する限り、単に精神の衰退や堕落のみに立脚した論に、塩野七生は賛同しない。

ヴェネツィア経済は、総体的には、長期にわたって浮沈の少ない豊かさを保持できた。しかしその間に投資の対象が次々と変っている。投資の対象の推移は、それをする側に、その投資が定着するにつれて、精神構造の推移をもたらさずにはおかないのである。

当初、主要な商船は国有にして、個人で船を所有できるだけの資力のない者にも、均等な機会を与えたヴェネツィアでは、「敗者復活戦」が、最も理想に近い形で機能していた。

ところが、工業に次いで農業に重点が移るようになってくると、資本のない者には活躍しにくい状態になってくる。手工業も農業経営も、資本のない者には単なる傭い人の機会しか与えられない。「敗者復活戦」がなくなれば、豊かな者はますます豊かになり、貧しい者には、それから脱け出す機会が、ますます少なくなることを意味する。海洋国家時代のヴェネツィアが、何より嫌った独占が、ヴェネツィアの社会を侵しはじめたのであった。

独占の弊害は、それが経済運営上での必要以上になされることによって、社会の上下の流動が鈍り、貧富の差が固定し、結局は、その社会自体の持つヴァイタリティーの減少につながるからである。こうなってはもはや、いかなる改革もいかなる福祉対策も効果はない。ヴェネツィアの場合は、それが経済構造の変化に原因があるだけに、当時としては他国に類を見ないほどに完備した福祉対策をもってしても、貧民の数は、減るどころか増えるばかりであった。十四万の人口のヴェネツィア本国に、福祉によって生きている人々が、二万人に達していたのである。

さらに進んで塩野七生の慧眼は、貧富の格差のみが社会不安定の原因ではなく、国家の運営に当る指導者階層の活気喪失が、衰退への傾向に輪をかけた成り行きに着目する。

特に、この動脈硬化現象は、事実上の問題として、職工にも農民にもなれない、貴族階級に著しかった。彼等は、ヴェネツィア共和国の政治を担当する、いわばプロの支配階級である。

そして、ヴェネツィアの政治は、経済的地盤を持つ者が行なうことを前提にしていたので、元首などの体面を保つ必要のない者以外は、無給であった。それ以前のヴェネツィアと違って、十七、八世紀のヴェネツィアは、この人々が再起できるための、機会を与えることもできなくなっていたのである。

ヴァザーリ『ルネサンス画人伝』正続『ルネサンス彫刻家建築家列伝』

平川祐弘他共訳　白水社

●ルネサンスを彩った芸術家たちの素顔と苦労

現代人がアレクサンダーやカエサルをはじめ、ギリシャおよびローマの英雄たちを偲《しの》び得るのは、すべてプルタルコスのおかげである。また、項羽と劉邦の天下争いをはじめ、古代支那の英傑を想像できるのは、これまたすべて司馬遷が伝えてくれたゆえである。

そしてルネサンスを彩ったフラ・アンジェリコやそのほかレオナルド・ダ・ヴィンチに至る芸術家の業績を知り得るのは、ひとりジョルジョ・ヴァザーリの筆録に拠る。ただし、『対比列伝』および『史記』が、つまりは言い伝えの採集であるから、記述の真偽を今からでは探求できないのに対し、『画家・彫刻家・建築家列伝』（初版一五五〇年）は、ヴァザーリがほぼ同時代前後の作品と人物について集めた聞き書きであり、彼自身がボッティチェッリを識ってお り、ミケランジェロとは深い交流があったように、謂わば現場立会人の証言であるから、かなり信用してもよいであろうし、筆致が躍動しておりひときわ興味を惹く。

かつて富永惣一他の共訳で刊行されはじめた（昭和23年）けれど、中絶していたのを、ようやく完訳されたのは有難い。別に辻茂他共訳注解『ヴァザーリの芸術論』（昭和55年・平凡社）が刊行され、ロラン・ル・モレ『ジョルジョ・ヴァザーリ　メディチ家の演出者』（平川祐弘・平川恵子訳、平成15年・白水社）が訳されている。

冒頭「ジョット」の章に、美術に関することで話題にのせる価値のあることはみな書きとめておこうと思う、と記しているところから窺えるように、ヴァザーリは画家としても建築家としてもかなり多忙であったにも関わらず、伝承と言ったら格好がよいけれど、要するに噂話を蒐めて記録するのに専らであった。

何しろ以下のような伝聞にも聞き耳を立てている。すなわち、ラファエルロは大変女好きで惚れやすい人であった。それで何かというと女の機嫌をとった。彼があれほど肉体の快楽に耽ったのも、友人たちから尊敬され、ちやほやされたのが原因であろうと思われるが、友人たちはその点に関し、彼に対してあれほど大目に見てやるべきではなかった。彼の親友であったアゴスティーノ・キージが、ラファエルロに頼んで、彼の館の第一開廊《ロッジャ》を装飾させたとき、ラファエルロは一向に仕事に打ち込むことができなかった。それは彼が女の一人に夢中になっていたからである。それでアゴスティーノは絶望したのだが、どうにかこうにか皆で手立てを講じ、やっとのことでその女が、ラファエルロが仕事をしているその仕事場へずっと彼と同棲しにくるように取りはからったので仕事が完成した。

また時代背景についても鋭敏であるところが有難い。つまり、ロレンツォ・メディチ豪華王の盛期は、天分に恵まれた人々にとっては、真に黄金時代と呼べる時代であったが、その期間に通称サンドロと呼ばれたアレッサンドロ・ボッティチェッリがまだ盛んに活躍していた、という工合に、注文主すなわちパトロンと画家との関係にずっと目を注いでいるので、この時代の芸術家を支えた幸不幸の諸条件を、綿密に辿っているので大いに興味をそそる。

更にはひとりひとりの画風が異なるに至った経緯《いきさつ》を探るのにも熱心であるから、芸術家同士の相互関係を導いた広義の影響に基づく発想の由来を、まるで見てきたように詳しく伝えてくれるので、美学論や美術史とは比較にならぬほど、それぞれの個性が生き生きと躍動している。例えば次の如し。

ラファエルロは、裸体画についてはミケランジェロのような完成度には決して到達し得ないことを自覚していたので、いろいろと思いめぐらしたが、その結果、分別のある人として次のような結論に達した。すなわち、絵画は決して単に裸の人体を示すためにあるのではなく、より広い領域を持っている。物語の情景を工夫してそれを巧みに容易に表現し、いろいろな思いつきを上手に描く。そして物語絵の情景を構成する際にあまりにたくさん描きこんで物語を駄目にすることもなく、またあまりに描き足らなくて物語を貧弱にしてしまうこともなく、上手な工夫と秩序の感覚で物語絵を作りあげる――そうした人も分別に富んだ価値ある画工と呼ばれるべきだ、とそう結論するに至ったのである。

ヴァザーリがレオナルドを最も崇敬し、ミケランジェロに最も親愛の情を抱いていたことは大方の認めるところであろう。そして最も長篇となったミケランジェロ伝は、あらゆる語彙と文脈を総動員してミケランジェロを讃えているのであるが、全篇を通じて一般の偉人伝によく見られるへりくだった語法は微塵も見られず、ただ純粋な信愛の情が一途に漲《みなぎ》って、大河の静かで悠然たる流れのように充実した語りとなっている。己をいささかも卑しめる気配なくして真摯な畏敬の念を一貫させたこの一篇は、情に訴える伝記表現の及びがたい範例と評価するのが妥当であろう。

ミケランジェロのダヴィンチ像が市庁舎広場に巻き上げ器で引き上げられ、ふさわしい場所に置かれた時、この像を目の当りにしたピエーロ・ソデリーニは、この像の鼻は大きすぎると言った。ミケランジェロは、市政長官が巨像の下に居り、そこから見たのでは実際に彫っているところが見えないとわかっていたので、文句をつけた彼を満足させるために、肩のかたわらにある足場の上に登り、すばやく左手に鑿《のみ》を取った。足場の架台の上にあった大理石の僅かな粉と一緒に取り上げ、鑿でとんとんとやり始めると同時に、少しずつ粉が落ちていくようにした。さあ見てごらんなさい。市政長官は、うん、ずっと気に入ったぞ、君はそれに命を与えたわけだな、と満足して言った。

丸谷才一『文章読本』――中公文庫

●甘えるな！　ちょっと気取って書け！

『人とつき合う法』は『週刊朝日』に連載されたので、河盛好蔵は『パリの憂愁　ボードレールとその時代』（昭和53年）などを執筆する際とは全く姿勢を変えて、意識的にザックバラン調で通している。

一般に漢字で記されているのが通例の場合でもわざと平假名を用いる場合が多い。この表記法を出版業界ではヒラクと称し、新聞雑誌に載せる場合に平明を期している。

それよりもう少し威儀を正して、膝を崩さずに書く場合を想定し、やや固苦しく正攻法で行く方法を指示するのが丸谷才一の『文章読本』である。模範として示される引用文が著者の趣味に偏って難しすぎるから、取っつきにくいと感じたら飛ばして読んでもよい。

丸谷才一ならずとも誰が論じたところで、作文の極意はただ名文に接し名文に親しむこと、それに尽きる、としか言いようがない。ただし、誰が書いたどの部分が名文か、と詮議しはじめたら話がややこしくなる。そこを割り切るためには、現在の貴方が感心する表現、それが名文である、と決めるしかない。どれが名文かの選定は、年齢と人生経験と読書体験によって次々に変ってゆく。

世論調査や人気投票で名文の評価を定めるなんて不可能である。とは言うものの丸谷才一が指摘するように、われわれは全く新しい言葉を創造することはできない。名文がわれわれに教えてくれる根幹は、言葉遣いの呼吸である。われわれはそれを意識の底に数多く蒐集しておき、時に応じて取出しては自在にこれを用いることができる。すなわち、先人の語彙、過去の言い回し、別の文脈の中でのレトリックは、今われわれの文章を織るための糸となる。言葉遣いを歴史から継承することは、文章を書くという行為の宿命なのだ。

過去の名文を読むことによって得られる功徳は、文章を書く息遣いの体得である。だが、困ったことに、息遣いという概念はすこぶる説明しにくい。それは、口調と呼んでも、文脈と呼んでも、メリハリと呼んでも、姿かたちと呼んでも狭すぎる何かで、それらのものの総体に、さらに論理とレトリックとを打ち重ねたようなものである。あるいは、単なる論理、単なるレトリックと形容したりではこれまた物足りない。要するに生気を帯びた実体である。つまり、それだけ精妙で繊細なもののゆえ、誰かの解説など聞いたとて身につく筈はないのだ。われわれは直接、古今の名文に当たって、自分で感じ、味わい、その感覚を体で覚えなければならない。

名文はわれわれに対し、その文章の筆者の、その時における精神の充実を送り届ける。それは気魄であり、緊張であり、風格であり、豊かさである。われわれはそれに包まれながら、それを受け取り、それを自分のものとする。われわれはおのずから彼の精神の充実を感じ取って、筆者が文章を書くことの意味を信じている信じ方に感銘を受け、やがて自分もまた文章を書くことの意義と有用性を信じるに至る。これこそは名文の最大の功徳にほかならない。

そして、記すに価することがあってはじめて筆をとれ。書くべきこと、語るべきことがあるとき、言葉は力強く流れるだろう。これこそは人間の精神と文章との極めて自然な関係である。

あまり高度な要求に読者がたじたじとならぬよう、丸谷才一は具体的な文章作法の指針として、とっておきの一語を発する。曰く、ちょっと気取って書け。

気取って書くとはどういうことか、と聞かれた場合を想定して、少しほぐして谷沢流に言い換えてみようか。それは、甘えるな、という訓戒である。これ位でいいだろうと自分で妥協してはいけない。是非とも徹底して解らせてみせる、という意気込みと、その内容をとことん凝縮する鍛錬なくして、一人前の文章は書けない。

名文と言えば、向井敏は『文章読本』(文春文庫品切)の冒頭に、彼が選んだ名文の中の名文として、林達夫の『三木清の思い出』(『共産主義的人間』中公文庫)を選び、その全文を敢えて掲《かか》げた。

向井敏による解説は以下の如くであり、これがまた情理兼ね備えた名文となっている。

「ここが『三木清の思い出』の大事なところなのだが、個々の章・節だけについてみれば、どんなに邪険な告発者でもここまでは言えないだろうと思えるほど、手きびしい観察と辛辣な批評をあえてしながら、それでいて、読むうちに、故人への格別の親愛の情と深い悼みが透明な潮のように行間を満たしていることに気づかされる。こういう友情の表現の仕方もあるのだと知らされて、粛然とした思いに誘われる。

年上の婦人とのスキャンダルで三木清が京大教授の椅子を得る望みを失った一件についていえば、林達夫は、三木清にとって『極めて不利な証言』をしたのがほかならぬ自分であった。また、そんなにも『公平』に振舞ったのは三木清の口走った『シュタイン夫人』を引き合いに出した三木清も三木清なら、それしきのことで一人の人間の生涯の大事にかかわる審問の席で『不利な証言』をした林達夫も林達夫だと舌打ちする人もいるにちがいない。

けれども、林達夫はそうした世間の思惑など、意に介していない。若い三木清は世間知らずで不器用で鼻持ちならない気取り屋だったが、そういう自分もまた、友人の弱点を笑って見すごしてやることもできない、神経質で狭量でつき合いづらい人間であったということを、むしろ知ってもらいたがっているようにも見える。」

林達夫という傑物の奥行きを、ここまで踏みこんで批評した洞察は、比肩する見地を他に思い浮かばない。

古田武彦『親鸞』――清水書院『人と思想』8

●後代の賛美の陰に置き去りにされている苛酷な実体

冒頭の挿話《エピソード》からして甚だ面白い。古田武彦は次のように語り始める。

「専阿弥陀仏という人が描いた、とされる親鸞晩年の肖像画がある。鏡の御影《ごえい》、と呼ばれている。生存中の親鸞を面前にして、いちいち写実したといわれるだけに、まことにリアルな迫力をもって描き出されている。鎌倉似絵《にせえ》（肖像画）の面目をみごとにしめす秀作である。

顔だちは、全体としてガッシリとした印象をもつ。全身も、けっしてスマートではなく、むしろ強靭な足腰をおもわせるほどだ。冴えた鋭い目、さっと切れあがった眉、独特のそりを示す鼻、そして、しっかりと結ばれたくちびる、これら鋭い印象をもった顔の道具だてが、全体としての素朴さ、鈍重なほどの安定感と、不思議な統一を構成している。」

古田武彦の念頭をよぎるのは、親鸞の老いてなお頑健な足腰が、若き日、比叡山の無動寺坂の険しい上り下りの中で鍛えられていたであろう、という思いである。そして脳裏に浮ぶのは、土と汗にまみれた親鸞の足であり、つまさきである。その降りゆく先は、かれを追放し、その一生を苦渋と流浪に追いやった天皇たちの都する京都の町であった。

京都の町の玄関口に、東・西両本願寺がある。古田武彦が西本願寺を訪れた時、宝物展示室の案内人が、紫衣を着た親鸞の画像を前に、次のような説明を繰り返していた。

「親鸞聖人は、朝廷よりあついおほめにあずかって、天皇様より紫の衣を着ることを生前にさし許されたのじゃ。これをみても、親鸞聖人が、いかにえらい方であったか、わかるじゃろ」。若い娘二人が、なかば感心したような、なかばてれくさそうなそぶりで、手をとりあって、結構づくめに飾りたてられた親鸞聖人御画像を見上げていた。

横にいる古田武彦の中には怒りがあった。このような説明が、歴史上の事実と無縁であるばかりか、全く相反していることは、今日歴史学の常識である。親鸞と同時代の道元は、朝廷より紫衣を与えられながら、これを辞退した。しかし、親鸞は辞退することもできはしない。彼に与えられたのは、紫衣などではなく流罪人の衣であった。さらには、志を同じうする友の死刑であり、一生をおおう流罪前歴人としての汚名であった。

このことは、本願寺の高僧や学者たちにひとりも知らぬ者はない。にも関わらず、案内人の口上が、昔も今も変らないのは、専ら〝営業上の理由〟に基づくのであろう。

愚夫愚婦の信者にも、という相手にふさわしい臨機応変の賢いやり口がとられているだけなのであろう。案内人が、いかにも善良そうなおじいさんであっただけに、いっそう、古田武彦には、こみあげてくる、やりきれぬ思いがあった。

ここに祭られた本願寺親鸞聖人の虚像（にせの姿）と、親鸞の実像（真実の姿）とは、全く相容れることが許されぬ。御尤《ごもっと》もである。

私も若き日、暁烏敏《あけがらすはや》の『歎異抄講話』（明治44年）を読み、親鸞は弟子一人ももたずさふらふ、の一句に感銘を受け、期せずして生涯の信条となった。

古田武彦は以下の如く警告を発する。

「自分が二十年来、親鸞について数多くの著書・論文・随想の類を読んできて、不思議に思うことが一つある。それは、右翼の思想家から左翼の評論家まで、伝統的な権威主義者からおだやかな自由主義者まで、その所属する信条や党派の別を問わず、ほとんどみな口を揃え、言葉を極めて、親鸞を賛美していることである。

これは警戒しなければならぬことだ、と私は思う。なぜなら親鸞が、誰にでも歯ざわりのいいものに、つまりは透明無害なものに変化され、すりかえられている証拠だからである。もし親鸞が、それほど無害で、それほど誰にでも賛美されるような人物なら、誰が好んで、そのような人間を迫害するであろうか。彼の一生を包んでいた、危険人物としての警戒、嘲り、無視それらの真相は、後代の賛美の合唱のうしろに、置き去られているのである。」

親鸞の生涯慕った法然は、大きな包容力をもった人柄だった。念仏について、いろいろと質問する民衆に対しても、時と相手に応じ、自由自在の返答をかえしている。この点、親鸞のように、理論的な一貫性をもった鋭い回答とは、時期と人柄を異にしていたようである。

しかるに、その法然が、「偏執のひと」（片寄ったことに執着する人）と呼ばれた。それは、人柄やムードの問題ではない。古い権力によりすがる仏教、権力と手をつなぎその保護を受けている思想、つまり、体制的な考え方を拒絶し、体制側で価値とされるものを自分たちは価値としない。その「新しさ」こそ、ほかならぬ、人々のいう「偏執」の中味だった。その「偏執」の精神を、いっそうむき出しの形で受けつぎ、それを一生の思想的な背骨としていった人間こそ、親鸞である、と。

ただし、谷沢個人は、鎌倉新仏教以前ではあっても、我が国で極限にまで熟成した仏教美術には賛嘆の念を禁じ得ない。なかんずく阿弥陀二十五菩薩来迎図（知恩院蔵）の構図に至っては、このような天来の妙想に達した日本仏教美術の崇高な人間愛、諸人《もろびと》に心の平安を贈りたいと念ずるかの如き芸術家の精神に、最も崇高な奥深い思念に、心からの礼拝を捧げたいと思う。

古田武彦の研究を集大成し、前著『親鸞』への論難に対する反駁を含む『親鸞思想』（昭和50年）は、宗門の本山を畏れる書肆《しょし》から出版を忌避され、ようやく冨山房によって刊行の運びとなった。学界の風潮に抗して史料批判に徹する実証が、そう簡単には世に出ないのを通例とする。

星新一『人民は弱し 官吏は強し』――新潮文庫

●権力と正面から交渉する武骨漢に仕掛けられた罠

福澤諭吉の娘と結婚して養子となり、松永安左ヱ門と組んで電力業界を先導し、川上貞奴との艶聞を唱われた福澤桃介は、『財界人物我観』（昭和5年）に次の挿話を記し留めている。

「私は此程、名古屋の友人に遇って色々世間話の末、斯う世間が物騒になっては、東京の大銀行とて安心出来ぬから、名古屋の愛知銀行、名古屋銀行等に分けて預金してはどうかと話した。所が彼のいわく、とんでもないことだ、名古屋の銀行家はケチでお賽銭をあげないから、愈々《いよいよ》という場合には見殺しになる、それに反し東京の大銀行は、普段お賽銭をあげているから、いざという瀬戸際には日銀なり政府が助ける、だから矢張り東京の大銀行の方が安心だと。何と諸君、時弊を穿《うが》ち得て妙ではないか。」

この打ち明け話に嘘も間違いもない。明治以来、多少とも成功した経営者は悉く、省庁の上層官僚に誼《よしみ》を通じて昵懇の間柄となり献金を怠らなかった。現在も快調な企業はすべて、省庁との意志疎通を保つため、主として東大法学部出身の腕利きを官僚との連絡係に使っている。

ただし『私の履歴書〈経済人〉』三十八冊（日本経済新聞社）を通読しても、誰ひとりそんな機密には絶対に言及していない。

そのように一貫する官僚の隠微な権力に逆らって、御機嫌取り、つまり接待や献金を絶対にせず、常に必ず正面から堂々と交渉する傑物がいた。経営史上おそらくただひとりであろうその硬骨漢は、星製薬の創業者、星一《はじめ》である。何しろ衆議院議員に立候補した際には、理想的な選挙とは斯くあるべきだと訴える約五百頁の『選挙大学』（大正13年）の要約版を配布しただけで、一文の選挙費用も使わず落選して悔いなかったという豪傑である。

このように小細工を弄しない生意気な奴を懲らしめるべしと、内務省（現・総務省）の山田衛生局長と伊沢多喜男台湾総督と後藤和佐治検察官長と銀行とが密接に提携し、法律を捩《ね》じ曲げてでもあらゆる手段を講じてとことん星一を苛《いじ》め、それでも卑屈に腰を曲げず昂然として正面突破の態度を変えない星一を包囲して意地悪の限りを尽くし、遂に星製薬を窮地に追いこんだ次第を明細かつ具体的に描いたのが、星一の長子星新一のこの一冊である。

山本周五郎（『青べか物語』新潮文庫）が貧乏人の場合を例にとり、「彼は出るところへ出たのだ。県の警察本部までゆき、金も地位もない者がどんな扱いを受けるかということを、自分ではっきりと経験した」と描いたのと同じく、曲ったことや暗い所での手続きを排し、平素のお賽銭をあげてこなかった者がどんな扱いを受けたかという一部始終、それが本書には具体の実例に即して冷静に描かれている。そこには大正昭和における政党の隠濕《いんしつ》な暗闇での権力闘争が、真正直な経営者の運命をどのように弄んだかの実体が観測されている。

星一の苦闘をあまりにも愚直な、と嘲《わら》うのは易しい。しかし特権を持たず後楯もない一般国民のひとりとして、星一の運命をどのように判断するべきかを自ら問うてみるのは、社会勉強として切実な意味を持つのではあるまいか。

猿は樹から落ちても猿であるが、議員がいったん選挙に落ちたらもはや何物でもなく零である、と言い伝える。政治家も内閣の大臣も、明日を保証されていない浮草であり、絶えず水面下の足掻きを強いられている。しかし官僚はいったん職に就けば、よほどの極端なへまをせぬ限り身分が確立されており、一般企業におけるような不景気に際しての予期せぬリストラはあり得ない。加えてその権限は、法を自由に解釈し手加減の緩急を会得する限り、ほとんど無制限に大きく広く、支配欲の満足に浸る優越感の快さは至上至高である。本書を通じて我が国の社会構成が何を基軸として回転しているかを悟ることができるのではあるまいか。

その星一が『官吏学』全四冊四千五百頁（大正11年）を執筆（第3巻のみ所見）し、その要約版『官吏学摘要』（大正13年）まで刊行しているのは、瞠目に値する原理尊重理想主義の発露である。

『摘要』の序に曰く、思うに官吏学は一面において管理学なり、有史以来人類の努力に成る国家の大組織は其管理上、科学的にして規律統合と能率向上との必要あり、且つ道徳的にして自己発展と人類相愛との理想とを有せざるべからず。此国家の管理はやがて民間の事務所、学校、商店、工場、農場等の集団的組織は勿論、あらゆる社会組織の管理と共通の法則たるべき理なり、是余が官界を主として、一般国民殊に商工界にも、本書を提供せんと欲する所以なり、と。嗚呼、この人にしてこの著作あり、世の濁りに染まぬ善意に徹し、理想を高く掲げ、人間社会の発展成長を祈願した理想主義者の熱意に敬服すべきである。

京谷大助（『星とフォード』（大正13年）は同時代の観点から言う。すなわち、我星《わが》は一文なしから製薬事業を始めて、僅々二十年足らずの間に資本金五千万円の大会社の社長となった。異数の立身者である。しかもその発展の径路を見るに、一言にして彼の徹底せる『親切第一』主義にありと云う事が出来る。

大山恵佐（『星一評伝』昭和24年）は回顧して評する。曰く、星に阿片事件という出来事が、起こらなかったならば、おそらく彼は東洋第一は勿論のこと、世界有数の化学薬品の製造業者になっていたに違いない。阿片事件は、伸び行く星の芽を摘むために仕組まれた、一部の内務官僚を中心とする悪辣極まる陰謀であった。権力を乱用する封建日本の官僚の出世主義の犠牲となって、日本の生んだ不世出の大企業家の雄図は無惨にも破壊されてしまった。星の不屈の努力にもかかわらず、遂に阿片事件の致命的な深傷はいやすことが出来なかった。

宮脇淳子『世界史のなかの満洲帝国』――PHP新書

●歴史の本質は政治文書である

ヘロドトス（『歴史』三冊・岩波文庫）やトゥーキュディデース（『戦史』三冊）の昔は知らず、歴史書は必ず民族精神または国民感情で染めあげられている。何時になったら歴史記述が中立的な筆法に到達できるのであろうか。今のところ望み得る最も自己制御に徹して冷静な研究姿勢が宮脇淳子によって示された。

女性が感情に走りやすいと陰口を叩かれる習慣が自然消滅に向かっている。殊に現代の我が国では、熟年女性の学問的力量には圧倒的な迫力が感じられる。夫の岡田英弘が『歴史とはなにか』（文春新書）に論述するところに言及しながら、宮脇淳子はこう言い放つ。歴史には、道徳的価値判断を介入させてはいけない。歴史は法廷ではないのである、と。

この場合、われわれ日本人の先入見を払拭するために必須の第一歩として、古来、中国には歴史はない、あるのは政治だけである。この判定から宮脇淳子が踏みだす。大賛成である。支那の正史は悉く政治文書として編纂された。私はかねてから支那史および東洋史は学問として成立しないと考えている。真実がいかようであったと推察できるような手掛かりさえ湮滅《いんめつ》されているのであるからどうしようもない。

正史の解説をいくら進めたつもりでも、それは訓詁注釈の域にとどまる。つまりは、証なきは断ぜず、と反っくり返る清朝考証学の流域を泳ぎ回るにすぎない。その限界を幾分なりとも打開しようとすれば、宮崎市定のように慧眼をもって俗書を活用するか、または、浅野裕一(『孔子神話』平成9年・岩波書店品切、『儒教 ルサンチマンの宗教』平成11年・平凡社新書)が示した手法、つまり歩幅《スパン》を縦に長くとって時間の流れを辿る動態観察に軸脚を置く通覧が必須となる。断代史のひとつに喰らいついても歴史学にはならない。

それはさておき、宮脇淳子の考えるところを以下に聞こう。

支那に、春秋の筆法、という言葉がある。孔子が紀元前四八〇年ごろに編纂したことになっている『春秋』は、まだ支那が統一される前の列国で起こった、天災や戦争や、国王が集まって同盟する会盟や君主の生涯などを、二百四十二年間にわたって編年体で述べた書物である。後世にこれを伝えた、春秋三伝、と呼ばれる『左氏伝《さしでん》』『公羊伝《くようでん》』『穀梁伝《こくりょうでん》』は、『春秋』が伝えた種々の事蹟について、それぞれ解説をつけて、その善悪を厳しく批判した。

もとより、孔子がそういう風に書いたわけではないのだけれど、孔子が『春秋』をつくったので乱臣や賊がこれを懼《おそ》れた、と孟子が言ったことから、春秋の筆法とは、誰が極悪人かそれとも善玉かを後世の人間が厳しく査定する、という意味になった。善悪はおのずから歴史が証明する、と想定するものの、これは全くの結果論である。

支那では、司馬遷の『史記』という最初の歴史書から、天命によって現王朝が天下を統治する正統の権利を得たことを証明するために、正史、を編纂してきた。支那人《チャイニーズ》にとって、歴史は常に、最も政治に近いもの、むしろ政治そのものである。

このような観念を持って支那が今日に至り、現在も何ら変更を認めていないのが、動かすべからざる現実である。そのような次第であるから、問題は次に述べるようにややこしくなる。

かつての満洲帝国の領土は、いま現在、中華人民共和国の国土であるから、支那では、太古までさかのぼって、これを支那史として処理しようとする。それゆえ、満洲について、私たち日本人の念頭にあるような客観的な歴史書が、支那において書かれる可能性は、今後とも全くない。

いま現在、存在する国家や個人にとって都合のいいように過去を解釈し直すのは、岡田英弘に言わせれば、悪い歴史、である。その反対の、よい歴史、というのは、史料のあらゆる情報を一貫した論理で解釈できる説明のことである。文化の違いや個人の好みを超えて、国家の枠組みや書かれた時代を離れても、なるほどそういうことだったのかと、多数の人が納得できる普遍性を持つ記述が、よい歴史、である。

まだ六十一年しか経っていない出来事に対して、普遍性のある客観的な歴史を書くことは、大変困難なことであろうことはわかっているが、ともかく出発してみたい。

政治は必要だと思うけれども、その材料となる歴史史料は、公平かつ客観的なものでなくてはならない。満洲帝国についても、そういう概説があってほしいと、宮脇淳子は筆を執った。

本書を通読して私が強く教えられたことのひとつは、満洲帝国の歴史を考えるに当たって、決定的に必要なのは、モンゴルの歴史に関する詳しい情報である。幸い岡田英弘が『モンゴル帝国の興亡』（平成13年・ちくま新書）『チンギス・ハーン』（平成5年・朝日文庫）を書き、宮脇淳子が『モンゴルの歴史』（平成14年・刀水書房）『最後の遊牧帝国』（平成7年・講談社選書メチエ）をまとめており、いずれも必読と痛感する。

私はリットン報告書を何度も繰り返して読み、結論として満洲帝国の存在を是認していると解した。しかるに、外交官試験を首席で合格した松岡洋右はじめ、当局者および新聞《マスコミ》が、悉く全面否認と読みとった誤解が不思議でならない。外交文書の真意を解し得ないのは現在の外務省官僚のみではない。日本人は文書の奥と裏を読む努力に欠けているのではないか。

【五十歳】

司馬遼太郎『義経』上下 ——文春文庫

●日本国民の生活は何によって動かされたか

二千年に近い日本史に三人ほどしか現れない天才戦術家の恐らく最高、京に都が遷って以来はじめて貴族庶民あげての喝采を博した華麗な憧憬像《アイドル》、そしてあまりにも若すぎる悲劇的な死を、最も情愛に満ちた眼差しで語り継がれ、現在も演じ描かれ続けて共鳴を呼ぶ運命の主人公を、権力が転変する土砂崩れのように時代を揺るがせた条件の、解明を軸に活写した渾身の力作である。

『平家物語』から派生した悲愴な『義経記《ぎけいき》』をはじめ、能と歌舞伎の上演に欠かせぬ安宅《あたか》の劇、そして誠忠の弁慶や静の貞節、延《ひ》いては明治の末松謙澄に発した、成吉思汗は義経の後身なりと、遙かに思いを馳せる気宇壮大な空想まで、義経の絢爛たる閲歴は語り尽くされたけれど、その華麗な情景を生んだ脈動、つまり時代を動かした廻り舞台の目に見えないぶん回し轆轤《ろくろ》の軋みを、小説形式によって洞察し聞き取った作家は、司馬遼太郎以前にはひとりもいなかった。

源頼朝にとって復讐怨念の平家討伐という戦争が究極の目標ではない。国初以来の牢固とした伝統に基づき、不動の支配を誇る藤原氏の貴族政権を覆し、史上空前の武家政権を確立せんと期する野心が、頼朝を衝き動かす生涯の主題であった。当時にあっては、あたかも天地運行の原理を逆転させるかのような破天荒の隠された意図を、現在の社会構成が永遠に続くと、素朴に信じる義経には到底洞察できない。軍事の天才でありながら時代の動きを予知する能わぬ政治的感覚の欠如、その二面性が義経をして悲劇的な滅亡に追いやった。

のち司馬遼太郎は『項羽と劉邦』(新潮文庫)において、類似の運命を更に拡大して描く。すなわち漢楚の天下争奪が大詰に近づいた頃、無名の浪人から大軍の将に抜擢され、劉邦を勝利に導くのに決定的な貢献を果たしながら、漢帝国が成立したのち粛清される、古今に無類の軍事的天才、韓信の悲惨な運命である。身近に現代史に同類の典型を求めれば、遠くメキシコまで亡命して要塞のような家に隠れ住みながら、執拗極まるスターリンの刺客に殺害された、かつてロシア革命の主力となる赤軍を創設したトロツキーが思い出されよう。

頼朝が天下一の大天狗と恐れた辣腕の後白河法皇を欺き、天下の権が鎌倉幕府に帰するまで、謀略の限りを尽くして頼朝を支えたのは、生まれが京の下層貴族であるため、今の世に頭角を顕わせる機会はないと、いち早く見切りをつけて鎌倉に赴き、自分を登用しなかった藤原氏主流に竹篦返《しっぺがえ》しした、世の流れを見抜くに敏い政治の天才、大江広元であった。きわどい才能を秘めながら己を生かすべき時と処を得ず、熾火《おきび》のように怨みを燻《くすぶ》らせている隠微な野心家ほど恐ろしい者はない。

油断も隙もならぬ宮廷政治の人間操縦に長けた上流貴族は、世に抜きん出た出頭人を、たちまち破滅に追いこむ技法を心得ていた。すなわち、位打《くらいう》ち、という手段である。世間一般から持て囃されて目に余る人気者に、続けざま高い位を急激に与えると、その異例な処遇はひとえに我が身の有能ゆえであると思いあがって姿勢を高くし、精神の平衡を失って嬌慢のあまり異状な振る舞いに及び、諸人に不審の思いをさせ呆れられ信用を失い、魅力が褪せて今までとは反対に不評を買うに至るまで待ち、自然の勢いで自分から失墜するよう仕向ける。

これは決して昔むかしの話ではない。古今東西を通じあらゆる方面で、一時の人気者が、あっという間に世間の階段を、滝の流れみたいな勢いで転げ落ちた例は数限りなかろう。義経は位打ちによって狂わせられた犠牲者である。

『義経』は人間模様を詳《つまび》らかに描きながら、時代の急激な変化の動因《メカニズム》を映し出す。本郷恵子（『中世人の経済感覚』平成16年）が簡明に論じた如く、義経が活躍した平安末期から鎌倉にかけては、我が国の経済構造が大きく転回してゆく変革期であった。司馬遼太郎作品の特に際立った特色は、何時の誰を描くに当たっても、ある個性的な人物に特定の生き方へ赴かせた根本の動因、その同時代に生きた日本全国にわたる一般生活者の、暮らし向きを支え日常生活の姿かたちを決めた経済の歯車がどう動いていたか、その具体的な物資の交流と調達の道筋を、街頭を右往左往する群衆を観察するような呼吸の、生態学の報告描写となって起き上がってくる構図である。司馬遼太郎は小説という最も自由に筆を遣ることの許される形式を借りて、実は日本民族に生活と意識の発展を可能にした経済活動の姿かたちと成長の過程を、のちの世の国民が自分の生きた時代の中で、身も心も豊かに生きてゆき、智慧を働かせるための参考として、親切で温かな同情の思いを込めて伝えようと努めた。司馬作品の全体を貫く基本の描法は、一言に約するなら、日本国民生活史、である。

水戸の藩庫を傾けた『大日本史』に始まる各種日本史、竹越三叉に始まる『日本経済史』(大正9年)、それら厳粛に構えた難しい学問的記述を難儀して読むよりも、司馬作品を興味に惹かれて面白く楽しむ方が、日本歴史を展望したい望みを遙かに易しく叶えてくれる。

徳富蘇峰の『近世日本国民史』(講談社学術文庫)には経済の視点が欠けている。生活物資の動きを知らずして歴史を考えることはできない。

司馬作品の主題を歴史の順に並べてみよう。すべて文庫版を採りあげる。奈良平安『空海の風景』(中公)平安鎌倉『義経』(文春)室町『妖怪』(講談社)戦国『箱根の坂』(講談社)『国盗り物語』(新潮)『尻啖え孫市』(講談社)『夏草の賦』(全集18)『戦雲の夢』(講談社)『新史太閤記』(新潮)『播磨灘物語』(講談社)『豊臣家の人々』(中公)『覇王の家』(新潮)『関ケ原』(新潮)『城塞』(新潮)近世『菜の花の沖』(文春)『胡蝶の夢』(新潮)幕末『竜馬がゆく』(文春)『世に棲む日日』(文春)維新『峠』(新潮)『花神』(新潮)明治『歳月』(講談社)『翔ぶが如く』(文春)『坂の上の雲』(文春)。

小西甚一『日本文藝史』五冊 講談社

●文学史は文献学ではなく享受と鑑賞の経過である

ヘーゲル（邦訳全集11）が、哲学史そのものが哲学的なものであり、本当は哲学という学問にさえなるものである、と語ったのは確かに実状を言い当てている。この通説を念頭に置いてであろうか、ヴァレリー（邦訳全集5）が、哲学史とは、哲学者および〈過去の〉哲学についての、必然的に恣意的たらざるを得ない、定義を欠く恣意的な抽象語、と、既成の哲学史をひっくるめて揶揄《からか》った。

明治大正を通じて、哲学を学問の王として拝伏した東大国文科系は、哲学史を模倣するのが文学史の方法であると信じて無意識のうちに縋《すが》りつき、のちにはブランデスを模倣して、いずれにせよ砂を嚙むような過去帖の概論に終始し、時代を輪切りした流派の変遷を文学史論と心得ている。

東大系の経文転読みたいな点呼方式とは隔てを置き、一個人による最初の通史として虚名を博した津田左右吉『文学に現はれたる我が国民思想の研究』四冊（大正10年）に対しては、評論の名作『津田左右吉に逆らって』（『梨のつぶて』昭和41年、のち『丸谷才一批評集』1）を書いた丸谷才一が、津田史観は、明治自然主義理論を固定観念とする感覚麻痺の斬り捨て縦断であると批判した。

つまり、我が国ではティボーデ（『邦訳フランス文学史』昭和29年）に比較する文学史がなかったところへ、小西甚一が、空前の充実した目配りによる、これぞ本物と評すべき単独執筆の快挙をなし遂げた。

見方によっては小西甚一は三人いる。『梁塵秘抄考』（昭和16年）から『文鏡秘府論考』三冊（昭和26年）その他へ続く厳密な考証学者、『古文研究法』（昭和30年）『学習基本古語辞典』（昭和59）などを併せて学習参考書の最高峰、そしてアイヌ語朝鮮語支那語オモロ語を原語で読めるまで習得し、連歌、能、俳句その他の実技と創作にも熟達した上で、日本列島の遙かな古代文化から三島由紀夫の死までを、三三一五頁を費して論じた文芸史家、各方面での先頭というべき一人三役である。

昭和前期の国文学界は未曽有の乱気流に漂っていた。和辻哲郎（『日本精神史研究』大正15年）の無責任な提唱に指嗾《しそう》された、所詮は不可能な原典溯及の古写本渉猟、近藤忠義（『日本文学原論』昭和12年、当初は検閲を憚り義父で学界親分《ボス》の藤村作の名義借用）を頂上《ピーク》とする左翼公式主義、岡崎義恵（『日本文藝学』昭和10年）が東大の概論学風に反旗を翻した感傷的《センチメンタル》な鑑賞主義、それらの総合統一を企てた風巻景次郎（『日本文学史の構想』昭和17年）の折衷主義志向、それらの乱痴気騒ぎが文学研究の正道ではないと見極めた新しい世代から、中世研究の小西甚一と近世専攻の中村幸彦が頭角を現し、前者は『日本文藝史』、後者は『中村幸彦著述集』十五冊（平成元年）校注書九冊を完成している。『日本文藝史』は梗概の綴り合わせでもなく文献探究史でもなく書誌学的詮議でもない。日本民族がどの時代にいかなる様式の文芸を産み、それぞれの階層がどのような姿勢で鑑賞読解し感動したか、民族の精神の脈動を詳細に洞察する文芸享受史である。したがって、秘蔵され誰も見なかった古写本の文献学的考証には近寄らず、実際に読まれ唱われたこと確実な証拠に基づいて、同時代を支配した文学観念の解明に焦点を絞り、その変遷と起伏の実態を、常に姿かたちを異にしてゆく流れとして把握し、その移り行きを促した回転の因果関係と動力に注目する。

今までの教科書的な文学史は支那風の時代を区切った断代史に傾き、世代ごとに発芽する新風のみを摘出《クローズアップ》し過大評価する近代期の新聞雑誌感覚に支配される偏癖が見られた。小西甚一はそれらの事大主義的で手間のかからぬ易きに就く陋習《ろうしゅう》から抜け出し、民族の胸奥に入り込み情念の鼓動に耳を澄まして聞き入ろうと努めたのである。

小西甚一の見るところ、日本文化の中でもいちばん日本らしい特色を示す連歌・能・茶などに内向的な美の確立された十六世紀後半は、文芸史にとって重要な意義を持つ。日本の十六世紀は、古典文化への回帰を志向した過渡期という点で、西洋諸国でのルネサンスに共通する性質を示す。そのような現象は、文芸の享受に下級武士や町人が参加したことの反映と考えてよいであろう。

十六世紀の町人たちは、十七世紀と違い、暴徒が侵入してくれば実力で排除するだけの行動性を持っていた。猥雑さなど気にする連中ではない。カブキ者が徒党を組んで横行した世には、歌舞伎踊りの生まれても不思議でない雰囲気があった。それは戦国の乱世を生き抜いてきた強烈な精神が、あまりにも突如として訪れた平和のくだらなさを辛抱できなかったゆえの反抗と共鳴するものだったろう。

だが、それと同じ時期に、千利休は「わび」の茶を寸分の隙もなく完成していた。この、荒々しい「俗」の不条理とこまやかな「雅」との共存こそ、十六世紀の性格が示すいちばん特徴的な事実ではないだろうか。

十六世紀の大きい特色は、連歌や能における「雅」の完成だけれど、両者とも在来のジャンルが十五世紀からの志向に添って高度の精錬を加えたということであり、ジャンルとしての存在価値が以前よりも上昇したわけではない。しかし「雅俗」の世界では、十五世紀まで「俗」であったジャンルが急速に「雅」へ入りこみ、それまでとは違った種類の価値を持つことになった。なかでも、俳諧連歌・御伽物語・小歌・幸若《こうわか》舞曲などは、新しいジャンルとして独立したような観さえある。これは、十六世紀のいっそう大きい特色だと言えよう。以上は小西甚一による論述の一例である。

加えて『日本文藝史』の画期的な特色は、仙覚律師以来の国文学研究史上、創見と評価できる従来の研究成果に細かく眼を配り、貢献と認められる研究を網羅するのみならず、その論考が発表された初出の年月まで突きとめ、学問的優先権《プライオリティ》を厳密に確かめた手続きである。『日本文藝史』の詳細な注記は、国文学史研究の論功行賞を長い時間《スパン》において行われた初めての試みとしても評価すべきである。

東京大学を主軸とする従来の文学史論は、藤岡作太郎が『国文学全史 平安朝篇』（明治38年、平凡社東洋文庫）の「緒言」に明記する如く「文明史の一部」でありたいと願って構想され、哲学史に憧れながら追随するのを常例とした。時代が降ると今度はブランデス（邦訳大正13年以降）を模倣し、文学史を文芸史潮の生育展開史と見做すようになる。この思い込みに基づく模範演技を、吉田精一が『明治大正文学史』（昭和16年）で示した。

ここから、同時代を先導する思潮が自然主義なら、小説も戯曲も短歌も俳句もすべて自然主義であったと見做す、強引な整理方法が蔓延した。遂には文学史と称して読書感想録を綴り合わせる安易な姿勢すら現れるに至ったようである。

シェイクスピア『ジュリアス・シーザー』――福田恒存訳　新潮文庫その他

●弁論によって人心を掌握する秘術はあるか

坪内逍遥が沙翁《シェイクスピア》の魅力を我が国に広く知らせるべく努力した功績は周知である。邦訳全集四十冊（明治43年～昭和3年）を完成してもなお足れりとせず、新修改訳三十九冊に研究栞《しおり》を添えて刊行を終了したのは喜寿終焉の直後であった。

その逍遥が最初に選んで訳したのは『該撒《しいざる》奇《き》談《だん》自由《じゆうの》太《た》刀《ち》余波《なごりの》鋭鋒《きれあじ》』（明治17年）、四六判クロス装の当時としては実に念を入れた造本である。この作品に重きを置いた選択の慎重な配慮が偲ばれよう。

『ジュリアス・シーザー』には、現代人に必要不可欠な弁論による人心掌握の方法が、これ以上は望めないであろうほどの焦点を絞った鮮明で簡潔な具体例として示唆されている。この劇《ドラマ》を際立たせている最も重要な核心が、シーザー暗殺直後のブルータスおよびアントニーの演説に秘められていること申すまでもない。

その拠り処はカエサル伝（直訳『プルタルコス英雄伝』下、ちくま文庫267頁）に記された文庫版にして僅か八行の淡々として強調を欠く記述のみである。それに基づいて沙翁が創作した両者の演説にしても、合わせて文庫版十頁以内、けれども其処に展開される弁論の一語一語には、急いで集まったかなりの数に達する民衆の、心を摑んで説得するための語法を構成する技術の表芸と裏芸が、見事に対照されて勘所の正負《プラスマイナス》が浮きあがっている。これは単に古典として秀逸な劇であるにとどまらず、極め付けの弁論術を最も巧みに描いた範例と認め得よう。

事の次第はこうである。シーザーが、ブルータス、お前もか、と最後に叫んで斃《たお》れる。そこでブルータスは、集まってきた民衆に向かって、なぜシーザーから最も信頼され、かつ人格高潔をもって鳴る自分が暗殺に加わったかの釈明を始めるのだが、実は、その演説開始の前に、シーザーの跡目を狙うアントニーは、次のような心にもない美辞をブルータスに耳打ちする。すなわち、君がシーザーを暗殺したことは、君の高潔なる信念に基づく義挙であり、悲壮な行為である。ゆえに自分も民衆も不満に思わぬばかりか、君の行為を肯定する、と。

つまりブルータスが最も言ってもらいたがっている台詞を贈り物にし、ブルータスが心のうちでいちばん危惧している弱い部分を擽《くすぐ》り、ブルータスに自己満足という鎮静剤を打ち込む。一般に、期待した通りの満足を得た人間は、その上への飛躍を企《たくら》まない。アントニーはブルータスを満足という檻に閉じ込めた。しかも、すかさず、このあとの政局にあっては君のために十分な椅子を用意する、といった露骨な言葉で、アントニーはブルータスを十重二十重に縛ってしまう。このように慎重な心理操作の手を打った上で、アントニーは、ブルータスよ、民衆に君の意図を十分に説明し給え、ただそのあとで、自分は友人としてのシーザーに弔いの言葉を述べたい、と手順を確保する。用意されたこの落し穴にブルータスは見事に嵌《は》まった。ブルータスが理想を掲げて大義名分を振りかざした演説は絶大な説得力を発揮する。誰が聞いても、勝負あった、と思われる局面であった。

ところが、そのあとに現れたアントニーは、まず喪服を着て登場する。しかも、彼の前には、シーザーの遺骸が運びこまれる。現代人が人を説得する場合に、喪服を身にまとうことはまずないが、喪服を着ているかのような表情やたたずまい、沈痛な語り口という配慮はありうる。公衆を前にする人間の立居振舞は、それ自体がすでに雄弁な表現となるであろう。

さて、アントニーが採った論法は、大義名分を独り占めし建て前を押し通したブルータスの言い分に、論理の道筋としては決して逆らわない譲歩である。むしろ逆にブルータスの言い分を百%認めてかかった。曰く、ブルータスは言う、シーザーは野心を懐いていたと、そう批判するブルータスは公明正大の士である、という風に。反噬《はんぜい》に類する辞句を一語も挟まず相手を褒めあげる。

その上で間髪を入れず、シーザーがローマ市民のため、いかに多くの戦利品を持ち帰ったか、すなわち論理ではない事実の追憶と確認を、深い情のこもる抑揚をつけて語り続ける。つまり抽象的な論理に対する即物的な描写、高尚な正義の主張に対する深い思いの追懐。そこから畳みかけてゆく言葉はひたすらかつて見られた事実の想い出に誘いこむ感動の誘発である。曰く、貧しき者が飢えに泣くのを見て、シーザーもまた涙した、野心はもっと冷酷な心から湧き出ている筈だ、が、ブルータスは言う。シーザーは野心を懐いていたと。しかも、そのように言うブルータスは公明正大の士である、という工合に語を重ねてゆく。

次にはシーザーの遺骸を指して言う。見ろ、ここをカシアスの短剣が刺し貫いたのだ。また見るがいい、この酷い傷口こそ憎むべきキャスカの手の跡だ。そして、これがあれほどシーザーに愛されたブルータスの刃の跡なのだ。奴がその呪われた剣を引き抜いた時、想っても見ろ、シーザーの鮮血がさっと迸《ほとばし》り、まるで戸口を押し開けるような勢いで剣のあとを追い、今の無法な訪《おとな》いの主がまさかブルータスではあるまいと、それを確かめようとしたに違いない……。

大義名分による説得は時に可能ではあろうものの、それだけで人々の心の奥底までを動かすことはできない。人間はことほど左様に理性的な精神の均衡を保持できるのであろうか。人の心を動かすにはどのような手筈が必要であるかを、沙翁はわれわれを限りなく考えさせるであろう。

現在刊行されている翻訳各種、福田恆存（新潮文庫）、中野好夫（岩波文庫）、小田島雄志（白水社シェイクスピア文庫）、大山敏子（旺文社）などを読み較べ、また注をつけた原文（大修館シェイクスピア双書）との行きつ戻りもまた興を深めるのではあるまいか。

ポール・ジョンソン『インテレクチュアルズ』――別宮貞徳訳　講談社学術文庫

●ルソーからチョムスキーまで景仰の迷妄を衝いた痛快の書

世界の公式的な謂わゆる思想家連中の、世俗に高い評判を得て、今も信徒から尊崇されている傑物たちを拉《うっ》し来たり、その論理構造および人柄の内幕を徹底的に批判し、大知識人景仰《けいぎょう》の迷妄を衝いた痛快の書である。槍玉にあげられたルソーからチョムスキーまで十四人の内から、最も影響力の強かったマルクスを一例として採りあげよう。

著者の見るところ、マルクスは先人による議論を精力的に利用しながら、我田引水の曲解を常套とした。W・E・グラッドストーンが一八六三年の予算演説の中で述べた時の原文はこうである。つまり、この富と権力の稀れに見る増大が、もし裕福な階級に限られているというのであれば、憂慮せざるを得ない。しかし、イギリス労働者階級の平均的状態は、喜ばしくも過去二十年間に、これまでのどの時代においても、またどの国の歴史においても例を見ないほど著しく改善された。

この原文を『共産党宣言』に引用した時、マルクスは、この富と権力の稀れに見る増大はすべて富裕階級に限られる、と改竄《かいざん》した。ふたりのケンブリッジ学者の指摘によると、『資本論』

第十五章において、政府刊行の報告書である青書《ブルーブック》の、別々に記され互いに何の関連もない記述を、拾い集め恣意的に繋ぎ合わせて自説に都合のよいかたちに組み合わせた。

マルクスは資本の増大が労働者の苛酷な収奪に向かうと立証するため、わざと昔ながらの前資本主義形態に属する、機械化するだけの資本がないゆえに条件の悪かった場景を持ち出した。マルクスは自分で事実を調べようともせず、他人の調査結果を客観的に使わないで、蔑視と言えるほど事実を無視した。この自分勝手の概念操作が、我が国でも山田盛太郎から大塚久雄に至るまで踏襲されているのは申すまでもない。

著者は嘆きをもってこう指摘する。つまり、知識人による大量の著作は、頭脳と想像力の抽象的な活動から生み出されるのではなく、その人たちの人間性に深く根ざしているというのは、悲しいことながら真実である。マルクスはかなりの時間を政治上のライバルや敵に関する詳しい身上調査書の蒐集に費やしたのだが、自分のためになると思えば、それを警察に渡すのをためらわなかった。

エンゲルスとマルクスが知り合った一八四〇年代の中頃からマルクスの死まで、エンゲルスはマルクス家にとって最大の収入源だった。恐らくエンゲルスは自分が得た半分以上の収入をマルクスに仕送ったと見られる。そのような依存関係であったにも関わらず、エンゲルスの愛人であった女工出身のメアリー・バーンズが死んだ時、貴族の娘を妻にするマルクスから、お悔やみを手短かに述べたあとすぐに無神経な金の無心に集中するという、不人情な手紙を受けとって、悲しみに沈んでいたエンゲルスは、さすがに怒り心頭に発して堪忍袋の緒を切らし、ふたりの関係ももう少しで壊れるところであった。

イギリスの資本家たちの不正行為を調査するうちに、マルクスは多くの低賃金労働者の例を眼にしたが、文字通り一文も貰わない労働者の存在は見つけていない。しかし、まさにそういう類いの無賃金労働者が、マルクスの家庭にこそ現実にいた。マルクスが家族ともども型通りの日曜の散歩に出る時、ピクニック用のバスケットその他の荷物を持って殿《しんがり》を務めるずんぐりした女性がいた。家族の間で「レンヒェン」と呼ばれたヘレーネ・デームートである。

一八二三年、農民の子として生まれた彼女は八歳の時子守女として、マルクスの妻イェニーの実家ヴェストファーレン家に入った。生活の面倒は見てもらっていたが無給である。一八四五年、結婚する娘のことを心配した男爵夫人は、イェニー・マルクスのために、当時二十二歳のレンヒェンをつけてやった。彼女は一八九〇年に死ぬまでマルクスの家に仕えたが、恐ろしいほどの働き者で、料理、洗濯はもちろん、イェニーの手に余る家計管理までやってのける。マルクスは一文たりとも給料を払わなかった。一八四九年から五〇年にかけて、一家の生活がどん底だった時、レンヒェンはマルクスの愛人となり、子供をみごもった。イェニーもまた妊娠していた。一家は二間きりのところで生活していて、マルクスはレンヒェンの妊娠を、妻だけでなく、絶えず訪れる革命家仲間からも隠さねばならなかった。当時、ほかのことでも不幸の極みにいたイェニーは、結局自分で気づいたか、あるいは聞かされたかで、事実を知り、おそらくはそれを機に夫への愛情も絶えてしまったのであろう。この件について、これ以上くどくどお話は致しません、でも私たちには公私にわたる悲しみをずいぶん増やすような出来事でした、と自伝的文章に記している。

レンヒェンの子供は一八五一年六月二十三日、ソーホー地区のディーン街二八番地で生まれた。男の子で、ヘンリー・フレデリック・デームート（フレディ）という名前で届けられている。マルクスはその時もあとになっても、自分の責任を認めず、子供の父親ではないかという噂をにべもなく否定した。結局マルクスは家族向けのカムフラージュのため、フレディを内密に認知してくれるよう、エンゲルスに頼んだ。

マルクスの学説と政治生活と私生活を総合して最初に論じた功は、『カール・マルクス』（邦訳昭和31年）のE・H・カーに帰する。

この著作をさらに膨ませたのがレオポルド・シュワルシルトであり、この興味深い書物はマーガレット・ウィングによって英訳され、それを瀧口直太郎が抄出して『人間マルクス』（昭和25年）が先に刊行されている。

梶祐輔『広告の迷走』

宣伝会議

●現代の広告は80％無駄無効である

戦後に急成長を遂げる広告宣伝界に、中軸の役割を荷なって企画立案を主導したひとりである著者が、若き日の夢を託して、のち統率した日本デザインセンターの、最高顧問へ退くにあたっての卒業制作である。何しろ千軍万馬の戦場を駈け抜けた名将の回顧録であるゆえ、余人には求めがたい実感の迫力に終始する。本書は非常に意欲的な五面体の構成を示す。

第一、戦後宣伝広告の脈動する系譜の展望

第二、その当初から時代の制約もあって運命づけられた方向、すなわち中身そのものと肝心な中身を収める容器である身体とがちぐはぐなまま成熟してしまったという意味における幼形成熟への反省

第三、その右往左往を重ねた錯綜を導いた理念の系譜、今や広告に投じられている巨額の支出がほとんど功をあげていない嘆くべき実体

第四、長期の信頼定着を目指す地道なアドバタイジングと、目先の商売品を売り切るための瞬発的な販売促進活動に過ぎぬプロモーションとを峻別すべしとの提唱

第五、テレビに差をつけられてしまった新聞広告を蘇生させる方向への展望

以上のどれをとっても切実で重要な諸問題が、望み得る限りの解りやすい流れるような語り口によって簡潔《コンパクト》にまとめられている。

梶祐輔の見るところ、日本の広告は戦後の再出発にあたって最初に最大の間違いを犯した。アドバタイジング本来の使命は、今後も生産を続ける企業の創意および活気と、顧客とじかに向き合う販売現場の気配りとを、消費者の購買意欲に訴える情報の提供を通じて、長期にわたる信頼関係を作りあげる仲介者としての働きである。

もともとアドバタイジングとプロモーションは似て非なるものの実例である。テレビＣＭや新聞広告および雑誌などのマス・メディアを通じて行うのがアドバタイジング、それに対してプロモーションは、専らダイレクトメールや折り込みチラシや店頭展示など、販売促進専門の媒体を用いる。それが本来の形態であるのに、アドバタイジングがプロモーションばかりに偏り変形し暴走するに至ったのが現今の趨勢である。

そして最近、日本の広告の評判は下りっ放しである。我が国の総広告費はバブル絶頂期の一九九一年、驚くなかれ五兆七千億円に膨れあがった。著者は日本の広告費の七〇％、いや八〇％が無駄遣いであると内心では直感し、広告に投じられたお金はほとんど効果を上げていないと見ている。

二〇世紀が終った今、改めて見直すなら、戦後の躍進時代に広告が持っていた青年のような情熱は跡形もなく消えている。今の広告が消費者大衆を動かす力を持っているかと問われても首を傾《かし》げざるを得ない。流行を作り出す力も今の広告はすでに失った。広告の表現だけは騒々しく華やかだけれど、まことに幼稚で子供っぽい。すべてが中途半端のまま迷走している。

一九七五年、テレビの広告費は四千二百億円を超え、長く首位を独占してきた新聞広告を抜き、逆に全広告媒体の首位に立つ。テレビスポットが一九六一年には一五秒という枠に決まった。この僅かな時間に何事を伝達できるか。そこで我が国におけるテレビ広告の専門家たちは、商品情報を伝えなくとも、と言うより内容のある報知ができない条件の中で、なおかつ商品を買ってもらえることの可能な、世界でも独自な方法論を開発した。

その理論的筋金となったのが、広告表現による差別化、という考え方で、これが今もなお日本型コマーシャルの屋台を支えている。この論理を平ったく言えば、商品には差がない、だから、広告表現で差をつけようよ、という技巧中心の対応策である。

ここには、消費者の理解力をうんと低く見積もりすぎている傾きがある、と梶祐輔は見る。確かに然りではあるけれど、この行き方を支える観点にはまた別の側面がある、と私は考える。それは梶祐輔も呆れている現代の特色、つまり、テレビCMにおける有名タレント依存症、この顕著な現象から感じとれる。

有名タレントの出演するCMは、どんな場合でも或る水準の成果を約束しているらしい。その理由のひとつに、日本人の無類の有名タレント好き、という風潮も確かにあろう。そこで私が下種《げす》の勘繰りを働かせる。契約金の高額であると知られたタレントを起用する企業が、それだけ背伸びした費用を投じていると感じとっている視聴者は、広告主《スポンサー》が自分たちを重んじて過大な負担に耐えているのだと推察し、招待された会場で鄭重に処遇されていると自己満足を楽しむゆえではなかろうか。

テレビCM検討の開拓者《パイオニア》であった向井敏による『紋章だけの王国』（昭和52年、絶妙の書名は開高健の発案）『虹をつくる男たち』（昭和58年）を懐かしく思い出すとともに、総体的観察としてスチュアート・ユーウェン『P・R!』（法政大学出版局）を推す。

矢代幸雄『世界に於ける日本美術の位置』——講談社学術文庫

●日本美術の正負《プラスマイナス》を世界的観点から検証した

ワシントンのフリエ美術館は東洋美術の精髄を蒐《あつ》めて著名である。日本近世美術の枠と見るべき俵屋宗達の、評価が我が国でまだ定まっていなかった明治中期、最重要作『松島図屏風』をいち早く購入した感覚は卓越していた。

その選択蒐集を指導した三溪原富太郎（松田延夫『美術話題史』昭和61年、『益田鈍翁をめぐる9人の数奇者たち』平成14年、白崎秀雄『三溪原富太郎』昭和63年）は、おそらく近代日本で最も秀でた古美術鑑定眼を持つ大蒐集家であり、特に仏教美術の価値認定を先導した功労者であった。のみならず当時は異端視され不遇であった岡倉天心系統の画家を後援し、また『古寺巡礼』（岩波文庫）の和辻哲郎はじめ新進の学徒に惜しみなく収蔵品を鑑賞させ励ました。その薫陶を受けて美術史学を大成したのが矢代幸雄である。

のちに、渡欧して、孤高の碩学バーナード・ベレンソン（邦訳『ルネッサンスのイタリア画家』昭和36年、『美学と歴史』昭和50年）に師事した矢代幸雄が、大正十四年、英文三冊の『サンドロ・ボッティチェッリ』（邦訳昭和52年）をロンドンで刊行し、欧州学界で好評を得たので、東京帝国大学系の美術史学者は嫉妬に狂い、以後は矢代を徹底的に黙殺排除し続けた。

帰国した矢代幸雄がその美術史観を披露した講演（昭和10年、啓明会）に掲げた題目『世界に於ける日本美術の位置』（昭和23年一般向き刊行）が、矢代の問題意識を鮮明に表現している。アロイス・リイグル（邦訳『美術様式論』昭和17年）やハインリヒ・ヴェルフリン（邦訳『美術史の基礎概念』昭和11年）などが明示しているように、美術史研究の基本は世界を見渡しての厳密な比較であり、それぞれの夥《おびただ》しく多様な作品を実見して深く鑑賞するべきこと勿論である。その原則を忠実に守って東西あまねく歩を運んだ矢代幸雄は、日本美術の伝統的な特色を、常に世界の各分野における達成と比較し、いたずらに我が国の芸術を持ちあげる国粋主義に走らず、真の強さは他流試合をしてみなければ解らない、という武道の譬えに言及し、冷静に中立的な視点から、日本美術の正負《プラスマイナス》を実証に徹して周到に論じてゆく。

「美術の原理原則は世界に共通し、人類の胸奥《きょうおう》に徹せざるを得ないのであるけれども、その原理が具体的に現われる表現形式は、国土により民族により個性により、それぞれ特別なる差異が附与せられる。その観点から見ると、日本人の感覚は絵画的であり、立体をもって迫ってくる彫刻的ではない、興福寺釈迦十大弟子の須菩提像、これなどは御顔が何とも言われぬ美しさをもって出来ているのに、身体の方は扁平に且つ硬直してかたちづくられ、安定感も足りず量感も充分ではない。つまり立体的表現が十分にこなれていないのである。

日本彫刻は、身体の部分部分の写実は非常に行届いて、真に迫る程になっているけれども、全体の比例と立体的な組み立てには、しばしば確乎たるところが足りない。彫刻批評に言うところの前向き《フロンタール》の観賞を未《ま》だあまり出《い》でないと見る。体躯の平明性は、日本彫刻のほとんど全体に共通する写実的欠陥である。

概言すれば、日本人の芸術的天分は、立体的にして実在性の強烈なる彫刻よりも、平面装飾的に、曲線模様に敏感にして色彩の取り合わせに豊麗なる絵画の方に、より多く適しているのではあるまいか。日本絵画を世界の美術のうちに置いて第一に感じるのは、材料が非常に特殊なる点であり、単に特殊であるばかりでなく、その特殊なる材料を非常に優秀に取扱っていることである。一体、世界の絵画材料を大別すれば、絵具を溶く時のミデアムによって、油絵と水絵具とに二大別できる。日本は水絵具の技巧を歴史始まって以来現在に至るまで一途に保留し、世界が未だ曽て見ないほどこれを発達させた国である。」

日本絵画を概観すると、厚味ある、深刻なる、真向より自然にぶつかってその奥まで掘り込んだというような自然描写が、将来は知らず、従来の日本絵画にはあまり見かけられなかった。日本画はそういう方面にあまり得意でなかった、と思われる。そのかわり艶麗にして且つ気分の籠った平面装飾的描写は、日本絵画の特に優れた特色であった。

宗達光琳の流派は、日本人の装飾的感覚を最も純粋に発揮している。支那の粉本より独立して発達してきた日本の佛画も、同じく美化装飾化の傾向を持っていた。大和絵は無論のこと、或る程度まで支那水墨画の直摹のように思われている日本の水墨画、それの系統を引いている狩野派の画にしても、支那画と比べるならば、いかに装飾的傾向を帯びていることか。

支那大陸に於いて、雪は沈痛なる悲劇性を持っており、それが文学にも芸術にも反映しているのであるが、それが日本に渡ると、がらりと様子が変る。多彩なる自然に取囲まれ、色彩感覚が甚だ発達した我々日本人には、色のない筈の水墨画の墨すらが、一種の色彩として用いられた形跡がある。

日本の水墨画はどこか鮮やかに、或いは瀟洒《しょうしゃ》としている。日本画に於いては墨までが一つの貴い色彩のごとく取扱われた形跡がある。以上の観察は矢代幸雄によってほとんどはじめて強調されたところであり、のち矢代は『水墨画』(昭和44年岩波新書)に詳論している。

矢代幸雄の偉大なる貢献は、四六判本文七五四頁図録二二八頁の大作『日本美術の特質』第二版(昭和18年初版四六五頁を大幅に増補)である。この書名もまた矢代の気宇壮大な問題意識を直接に表現して余蘊《ようん》がない。

日本人は日本人論がお好き、と揶揄《からかわ》れるほど数多い日本人論の中でも、これほど広い視野に立って比較に纖細敏感、加えて落ち着いた理路整然たる思索は他に見当たらぬであろう。

エドマンド・バーク『フランス革命についての省察』上下

中野好之訳　岩波文庫

●長く国民の生活を律してきた伝統および常識こそが法

色々の偶然に支配せらるる人間世界では、進歩の途が常に善に向っているものと安心しては居れぬ、と柳田国男（『木綿以前の事』岩波文庫）は日本国民の生活史に見出せる過去の幸福と不幸を見分けながら警告した。コモン・ロー common law という重い意味を持つ言葉がある。普通法、慣習法、と訳されてきた。周知の如く英国《イギリス》には憲法と呼ばれる、役に立つのか否か不明な条文はない。そのような書き綴られた文章よりも、英国では、各地の習慣を重んじ、判例によって発達した国内法、つまりコモン・ローに基づいて万事を決するのを伝統としている。コモン・ローはまた、広くは、羅馬《ローマ》法、大陸法などと称される作文に対して、英米法体系の法律制度、つまり不文法を意味する。すなわち長く国民の生活を律してきた伝統に足を置く考え方である。

伝統はまたG・K・チェスタトンにより、正統（邦訳『正統思想』昭和18年、『現代キリスト教思想叢書』6・昭和48年、『正統とは何か』昭和48年邦訳著作集1『正統とは何か』）と価値づけられた。英国の国民精神が中軸に据えてきた伝統に対する畏敬の念を表す。急激な革新の主義主張に無我夢中で、追随して走りだす前に少し呼吸を整え、国家国民にとっての伝統、正統、に思いを潜める慎重で敬虔な精神を体得するのが、世に生きるため必須の平衡感覚ではなかろうか。

中川八洋（『正統の哲学　異端の思想』平成8年、『正統の憲法　バークの哲学』平成13年）は、ルソーからポパーに至る世界の思想史を通観して、正統思想の価値を詳しく解明した我国で最も説得力を持つ論客である。正統を擁護し革命の偽瞞を衝く論理を構築したコモン・ローの体現者エドマンド・バークによって、世界中の真正な自由主義者を一貫して勇気づけ、今なお世界の運命に思いを致す真摯なひとびとの必読書となっている『フランス革命についての省察』が、ようやく我が国でも読みやすい翻訳で手に取れるようになったのは有難い。

中川八洋は、まず、ハイエクの説くところに思いを馳せる。早くから、全体主義の危険に警鐘を鳴らし、統制経済が、現実には社会を制圧する罪悪行為の発足に繋がる行く末を論証したフリードリヒ・A・ハイエク（邦訳『隷従への道』昭和29年、改版昭和57年、邦訳全集十冊・昭和63年）は以下の如くに説く。すなわちデカルト以来の「理性主義、設計主義的合理主義constructivist rationalism」と、逆の反「理性主義信仰の真正自由主義 evolutionary rationalism」とを区別しなければならぬ。

要するに、人間が理性的であることと、人間の理性を神格化する理性主義とは、絶対に相違するのであって、このふたつを峻別する思考こそが、自由社会と全体主義との分岐点となる。

まず、人間の理性は、文明の人間社会そのものを設計し創造する能力を持っていない、という事実を確認しなければならない。文明の人間社会とは、人間のひとつひとつの営みが重なった結果である。人間の行為のほとんどは、先天的で本能的な欲求に基づく。人間社会は、歴史を経て経験に基づき、思考錯誤と取捨選択を繰り返しながら積みあげられてきた。その過程から発展した規則、伝統、社会規範に則ってできたのが人間社会である。人間は、能力の限界ゆえに、ひとつひとつの段階ごとに、なぜこのような行為をするのかについて、説明することができない。国家とは、そのような経緯《いきさつ》によって成立したと観察せねばならぬ。

中川八洋の見るところ、人格の陶治《とうや》とか、その文化的教養の訓練とか、さらには高貴な精神の保持などは、すべて個人の領域に属する。その熟成は個人の努力なしには如何ともしがたい。それなのに、国家に対する普遍的な人間の権利を要求する主張によって、人間がより人間的に向上し得ると唱える詭弁と迷信への狂った逸走、それを文章のかたちで表明しているのが、謂わゆる人権宣言(『人権宣言集』岩波文庫)である。

個人が、社会的・経済的な権利なるものを、神聖にして絶対不可侵の普遍的な人権、として、国家に向かい要求する衝動は、逆に、国家が個人に対して社会的・経済的な権限、そのすべてを国家が掌握するという事態を、すなわち国民の全般に対して国家権力が、絶対にして不可侵なる権威を附与され正当化される結果となる。その冠絶した国家権力の全面的にして強力無比なる権限の発動を、心の底から期待する人がいるであろうか。

それゆえ、国家と個人との中間に、社会、を位置させ、社会というこの中間組織をもって個人を柔らかく包む庇護膜としない限り、人間の尊厳も人間の生命も守れない。現実界に存在するこのような重大事を、無視しては個人の自由は成り立たないのである。

もともと、自由とは、国家に要求し国家の強制によって体現されるというような個人の権利ではない。逆に、国家が個人の自由を最大限に保障すべく、法に従って、あるいは社会という組織が備えている自己防護の障壁《バリヤー》によって、個人に対する国家の権力が最大限に制約されることによって、それによってこそ保障されるものである。国家が恣意的《ほしいまま》に個人の自由に関与しないがゆえに、個人の自由が守られるのである。

では、個人の自由に対する国家の権力を制限する、この法 law とは何か。バークは言う、各個人の、自由、が、各個人の父祖から相続された個人的遺産であると考える賢明な叡智、つまり、常識が、それこそが、法、である、と。また重ねて言う。我々の自由を主張し要求するに当たって、それを祖先から発して我々に至り、さらに、子孫にまで伝えられるべき限嗣相続財産とすること、また、この王国の民衆にだけ特別に帰属する財産として、何にせよそれ以外のより一般的な権利や先行の権利などとは決して結びつけないこと、これこそマグナ・カルタ（一二一五年）に始まって権利の章典（一六八九年）に及ぶ我が無文憲法の不易の方針であった、と。

【六十歳】

山本周五郎『樅ノ木は残った』上中下——新潮文庫

●小説という表現形式の限界を打破して政治とは何かを問う

山本周五郎が、これだけは書いておきたいと念じる生涯をかけての意欲に燃えて完成した代表作である。そして従来の伝統的な文芸の形態に意をもって反抗し、今まで誰も書けなかった難しい領域に敢えて踏み込んだ類例を見ない史上に屹立する異色の名作である。

一般に小説や劇の主人公は、どれほど不利な逆境に置かれてはいても、また本質的に破滅型として登場したところで、必ずある特異な能力を秘めているのが常であり、そのような資格に基いて、最終的にはその人生に華を添える仕掛けが、作品の構成を展開させてゆくのが常である。

例えば大庭葉蔵（太宰治『人間失格』）は、一人前《いっちょまえ》に世を生きる能力では無為無能の人という触れこみで現れるものの、実のところ彼は道化の名手であり、内実は隅に置けない人間通であるから話がうまく進行する。癇癪持ちで家族に当り散らす厄介な青年が、実は驚くに足るほどの家族愛に包まれ不自由ない生活を保証されている（志賀直哉『和解』）。最も賤しい遊女の巣を逍遙する嫖客《ひょうかく》は単なる放蕩者ではなく、実は学識の深い高度の教養人（永井荷風『墨東綺譚』）である。客待ち日銭稼ぎの俥引きが、何時何処で稽古を積んだのか解らないけれど、祭の日となれば小倉随一と讃えられる祇園太鼓の名手である（岩下俊作『富島松五郎伝』）という風に、数えあげてゆけばきりがないほど、小説の主人公は最終的に必ず或る面での英雄となって世に現れる。

それら幸せ者とは正反対、『樅ノ木は残った』で原田甲斐の置かれている状況は、日本という国家がまだ成立していない当時、価値の最高として格付けされている六十二万石仙台藩の危機である。強力無比の幕府権力によって今や国そのものが潰されようとしている。その恐るべき謀略に正面から対決する方法はない。絶対の圧力に何処か弛みが生じ隙ができるまで、その貴重な一瞬を捉えて押し返す機を摑めるまで、ひたすら隠忍して待つ以外の対策は不可能である。そのため甲斐はただひとり敵の腹中に飛び込み、その一派に与する者としての立場をとる。当初は信じていた筈の味方すべては甲斐を疑い時に糺《ただ》すが、甲斐は沈黙を守って答えない。純情な正義漢の伊東七十郎が、貴方の本心を聞かせて下さい、と詰め寄るが、こういう一本調子の男に何事にせよ打ちあけるわけにはいかない。大正期の宰相・原敬は、一体秘密というものは一人で胸に畳まぬ以上は到底保てるものじゃないんだ、と語ったという（木舎幾三郎『政界の裏街道を往く』昭和34年）。政治の次元では熱狂者《ファン》ほど危険な者はない。

原田甲斐は敵の伊達兵部からも同志のすべてからも疑われ孤立無援となる。その逆境を打開する方法はない。甲斐は政治感覚に優れ対応の手腕を秘めてはいるものの、進んで才覚を発揮する道は閉されている。

甲斐は天から降ってきた困難に際会して、やむを得ず政治の場に進み出た不本意の政治家である。文明が発生して以来、政治が好感をもって迎えられた例はない。政治家は必ず嫉妬され白眼をもって遇されてきた。甲斐は政治を厭うべき情なき技であると心得ている。利害が交錯する修羅場に立つ政治家には、真実の一切をぶちまけて雪冤《せつえん》を果たす機会は与えられない。甲斐は人間の努めるところ執着するところが所詮は空しいと観じている。それでも国を守るという大義には俊巡のいとまなく挺身せねばならぬ。智慧や能力が正の方向に発揮する機会を完全に封じられた閉塞。徒労を覚悟の尽瘁《じんすい》。味方の誰からも猜疑される絶対の孤独。沈黙と忍耐と孤立という負のかたちに凝縮するしかない政治的意欲の自縄自縛。神さまだけが知っている（西条八十作詞）とでも呻くほかない、世に顕われる望みを奪われた暗闇での果てしない対決。

終に甲斐の奇手が功を奏して国は救われた。その代償として甲斐自身が刺客の刃に斃れたのみならず、一族殺戮、家門断絶、後世に逆臣の汚名のみが残る。小説史上に空前の自己犠牲ではないか。国を護る誠実の究極に、ただ瞑目するしかないであろう。

山本周五郎は、小説という表現形式に避けることのできない通弊を打破した。虚構である小説でも主人公の有能はどこか嫌味であろう。山本周五郎は絶対に嫉妬の対象にならない人間像の描出に成功した。純粋に隔意なく共感できる愛おしい傑物を創出したのである。

そして『樅ノ木は残った』の真骨頂は、政治的人間、すなわち政治的能力の発揮を本領とする人間像の描写である。明治以来、文芸作品の中に登場した政治家はすべて俗物であった。素晴らしいと思える人物は皆無である。その根強い惰性に敢然と抗して山本周五郎は、清らかで潔く美しい人間味に溢れた政治家像を刻みあげたのである。

『樅ノ木は残った』は『日本経済新聞』にまず昭和二十九年七月二十日から三十四年四月二十一日まで、いったん間を置き続編を「原田甲斐」と題して連載、のち大幅に加筆修正し、上下二冊本（昭和33年）として刊行された。このような休載と加筆による完成は作者としても異例であり、よほど思いを込め労を費した結果であろうと推定される。

周知のように山本周五郎が「須磨寺附近」をもって出発《デビュー》したのは大正十五年四月、時に二十三歳であった。しかし彼が自分を生かす主題と表現を見出すまで、実に十五年を要している。昭和十五年四月「城中の霜」をもってようやく山本周五郎ならではの構想と表現が目鼻立ちを現わす。そして昭和二十年十二月「晩秋」一篇によって、政治とは何かを問う生涯の主題に踏み込む。二十八年『栄華物語』三十三年『樅ノ木は残った』で周五郎的世界の頂点に達し、二十七年『虚空遍歴』以後は彼独得の脂が薄れてゆく。講談社版全集（昭和39年）の月報に愛読者をもって自認する池島信平夫人が、昨今の作者はあまりにも表現に熟達しすぎており、以前の諸作品が懐かしく思いだされる、と率直な感想を記した。

江藤淳『閉された言語空間』――文春文庫

●ニュースペーパーはクォリティペーパーに変身する

戦後日本史の特質を見抜くにあたって欠くべからざる観点は、戦後の代表的な報道機関および広範な言論活動が、前半においては占領軍による検閲の強大な圧力、後半は検閲時代に肉附《にくづき》の面の如く張りついた自守規制の鉄鎖によって雁字搦《がんじがら》めとなり、本来は保たれているべき言論の自由が今なお失われている実態である。この嘆かわしい自縄自縛の発生を、史上はじめて実証的に解明した記念すべき研究が本書であり、この本を顧みずして戦後史の実体は洞察できない。

占領直後の昭和二十年九月十四日、同盟通信社が二十四時間の業務停止を命じられ、九月十八日の『朝日新聞』は四十八時間の発行停止処分、九月十九日英字新聞『ニッポン・タイムズ』が二十四時間発行停止、『東洋経済新報』九月二十九日号が占領軍当局から回収を命じられ、断裁処分に付せられた。

『新報』が占領軍を怒らせたのは「賠償問題の解説」「進駐米軍の暴行」「米国民の対日憎悪」などの論説であり、その標題からも察せられる占領軍に対する真向からの牽制および批判を、この時点で書くことのできた肝の座った度胸は、もちろん石橋湛山以外には見出せない。これらの論説は全集には収められているものの、岩波文庫（昭和59年）、評論選集（平成２年）には遠慮して省かれ、湛山の比類なき硬骨が示されていない。

それはさておき、以上のような占領直後ならではの露骨な干渉が以後は絶対に表面化せぬよう、検閲が行われていること自体を微塵も悟られない地下での陰微な画策が続けられた。昭和二十年以前に行われた日本の警察による検閲は無邪気そのもので、気に入らぬ文字を伏字にするだけで済ましていた。したがって××の二字は、革命、三字だったら共産党、と一般の読者にも即座に理解できたのである。

老獪な占領軍はそんなお粗末とは段違いに狡智の限りを尽くし陰険であった。まず検閲が行われていることをほんの僅かでも仄《ほの》めかすような言い表し方を禁圧する。そして片鱗たりとも伏字にせよなどとは指示せず、忌諱に触れた部分の悉くにわたり字数を同じく行替えもせず全く別の許容し得る辞句に変更し、印刷の版面にいささかの欠落もないよう、見た目に支障なく整えるよう命令した。その手数の繁雑にして多くの手間を要する難儀は言うまでもない。そこですべての報道機関と出版社には、あらかじめ慎重に内部で自己検閲し、問題にされるかもしれないような箇所を先潜りして自粛する習慣が養われたのである。

江藤淳の見るところ、彼等の念頭に固定している、邪悪な日本と日本人の、思想と言語とを通じての、改造、であり、日本を日本でない国、ないしは一地域に変え、日本人を日本人以外の何者かに転じようという企みであり、そのためには日本人を眼に見えぬ「巨大な檻」に閉じこめなければならなかった。

それゆえ我が国の主として新聞は、連合国最高司令官という外国権力の代表者による完全な管理下に置かれ、その政策ないしは意見を代弁し、要するに占領軍の骨格である価値観の代弁者に変質させられた。検閲は、新聞以下の言論機関を対象とする忠誠審査のシステムであり、言論機関に対する転向の強制を意味する。かくの如き締めつけが、与えられた「言論の自由」なるものの実体であった。昭和二十年九月二十九日を期して、我が国の言論機関なかんずく新聞は、世界に類例を見ない一種国籍不明の媒体に変質させられたのである。

昭和二十年暮の、十二月八日から十五日に至る僅か一週間のあいだに、日本人が戦った戦争、「大東亜戦争」はその存在と意義を抹殺され、その欠落の跡に米国人が戦った戦争「太平洋戦争」が嵌め込まれた。これはもとより単なる用語の入れ替えにとどまらない。戦争の呼称が入れ替えられるのと同時に、その戦争に托されていた一切の意味と価値観もまた、そのまま入れ替えられずにはいかない。用語の入れ替えは、必然的に歴史記述の枠組の組み替えを伴う。このような歴史意識の改変は、決して日本人の自発的な意志に拠るものではない。外国占領権力の強制と禁圧によって強行されたのである。

その内容は、「ウォー・ギルト・インフォメーション・プログラム」の浸透であった。謂わゆる日本戦争犯罪論の植え込みである。ただし占領期の間は必ずしも期待通りの成果を上げるには至っていなかった。その注入工作効果が、むしろ占領が終了して一世代以上の経過した近年（本書執筆の昭和57年〜61年）になってから、次第に顕著なものとなりつつある。占領終了後、すでに一世代以上が経過しているというのに、いまだに占領軍の宣言文書に記された言葉を、いつまでも鸚鵡《おうむ》返しに繰り返し続けている実情を、江藤淳は、天下の奇観というほかない、と評した。

占領軍が去ったのちも日本の新聞は、紛争の種になるのを恐れるあまり、それぞれの時代の社会的禁忌に抵触せぬよう、恐れ慎しんで度の過ぎた自主規制を改善する気配も認められない。

処女作『夏目漱石』（昭和31年）が平野謙に認められ活動を開始した江藤淳は、本書および『一九四六年憲法——その拘束』（昭和55年）など、実証的に的確な戦後批判、さらには大正期の政局を左右したシーメンス事件の解明（『海は甦る』五冊・昭和58年）を加え、透徹した史眼の冴えを見せたものの、論壇に覇を唱えたい野心から『漱石とその時代』五冊（平成9年）など、無意味な大作に労を費す傾きなきにしも非ずだった。また妙に学者としての格好をつけたがる性癖もあり、その学位論文である『漱石とアーサー王伝説』（昭和50年）を、『漱石の源泉』（平成14年）で漱石研究を飛躍的に高めた飛ヶ谷美穂子（『三田文学』80号、平成17年）から、江藤が織った架空の物語にすぎぬと決めつけられている。

猪瀬直樹『日本国の研究』正続 ——文春文庫

●官僚および官僚ＯＢの壁に体当たりした不屈の正義感

五十歳を越えまだ元気であった頃、私は青森・山梨・沖縄を除くほぼ全国にわたって、乞われるままに経済問題を話題の中心とする講演活動に走り回っていた。聴衆は土地の商工会に属して互いに顔見知りの中小企業の経営者、意欲に満ちた分別盛りの良識ある国民の中堅層である。そこで我が国の民主主義は言葉で飾り立てた偽りの胡魔化した見せかけだけの空虚な看板にすぎず、国会で審議される表向きの国家予算とは別の、国民には片鱗も知らされない秘密隠匿の厖大な財政投融資（略称は財投）を一手に握る官僚の利権追求の操作に支配されている実状を私は熱心に語る。

しかしほとんどの聴衆が次第に脅え怯《ひる》み竦《すく》む表情を浮かべ、今こんな危ない秘密が語られ聞いている自分の姿を誰かが何処かで監視しているのではないかと、臆して迷惑がる姿勢で周囲を見回すのが常であった。それほど一般国民の間には官僚を恐れ憚る心情が共通している。

明治から昭和にかけて政界財界の伏魔殿と称された奇怪な存在を、徹底的に暴いた国民新聞記者、中津海知方の『預金部秘史』（昭和3年）を私が言論雑誌に紹介しても、ひとつも反応が見られない四海波立たず、いささかたりとも官僚批判だけは絶対に避けるのが大手新聞に徹底する戒律であった。そのように一般が肩をすくめ耳にするのさえ恐れ戦《おのの》いている畏怖沈黙の壁を破って、のち『日本国の研究』（平成9年）以下にまとめられる官僚批判の綿密な調査を、猪瀬直樹が雑誌『文藝春秋』（平成8年～9年1月）に連載したのは、時代の流れを大きく変える日本国改革事業の口火であった。この本が一般読者の自主投票の集計による文藝春秋読者賞を得たのも、国民の良識は確実に健在であると心強く安堵させる証明と言えよう。

この報告を契機として道路公団の巨大な闇に解剖のメスが入り、小泉純一郎が国民の信頼を得て、明治三十七年から連綿と続く財投の真暗闇に光が当てられるようになり、道路公団および郵政の改革へと繋がったのは周知である。固く鎖され錆びついたまま隠匿されていた官僚特権が蠢《うごめ》く秘密の扉をこじあけたのは、猪瀬直樹の大きく讃えられるべき歴史的な功績である。

全国に六千キロもはりめぐらされた高速道路の至るところに、サービスエリア（略称SA）とパーキングエリア（略称PA）が置かれているのは周知であろう。お腹が空いたらSAやPAで食事するしかない。これらのすべてを独占的に運営するのが道路施設協会と名乗る財団法人である。この占用権に法的な規定はない。建設省道路局長通達（昭和42年）が唯一の根拠である。通達は国会をも閣議をも経ず発せられる慣習であって公的な法ではない。

そもそも道路公団総裁の椅子は、建設省事務次官や国土庁事務次官など土木関係の省庁で栄達を極めた役人が座るべく予定された役職《ポスト》である。型通りの大仕掛けな天下りである。この道路公団総裁を務めたあとには道路施設協会理事長の地位《ポスト》が待っている。

道路施設協会の年間売上げは七百三十億円にのぼる。職員数は八百人、経常利益は百億円、売上げに対して利益率はかなり高い。不動産賃貸部門の全国第一位は三井不動産、第二位が三菱地所、道路施設協会は第七位に格付《ランク》される。総資産が五百四十億円とかなり大きい。簿価（物件を購入した時の価格）での数字であるから、含み資産（所有物件の値上がりによる推定利益）はこの時点で簿価の何倍にもなるだろう。

この道路施設協会が全国に及ぶ高速道路のSAとPAのすべてを仕切っている。民業ではなく官業が、高速道路から派生する仕事を当初から独占してきた。道路施設協会は傘下に六十五の株式会社を従え、それ以外にも指定の請負会社が三十八を数える。道路施設協会も出発は厚生会のかたちをとり、高速道路が延長されるに従い数が急速に増え、関連する同族企業も増やしてゆく。いずれも黒字の優良会社である。

本体の道路公団は、熊しか通らないと揶揄される場合もあるほど、地域によっては採算のとれない不必要な道路まで勝手に造ってゆくから、ずっと続いて借金漬けなのに、子会社はすべて常に儲かっている。けれどもその儲けは決して本体の道路公団へは還流しない。

その数多い子会社のほとんどが、名義だけで実体のない幽霊会社であることは、猪瀬直樹による調査で判明した。それらはすべて上層官僚OBが道路施設協会が稼ぎ出す厖大な収益を分け奪《ど》りし懐に入れるために外装を取り繕った架空の装置《メカニズム》である。

道路公団や首都高速公団や都市整備公団は巨大な借金を抱えたままの放漫経営でも存続できる装置《からくり》になっていた。財政投融資という蛇口をひねるといくらでもおカネが出てくる。財投とは二百十二兆円も溜っていた郵便貯金を意味する。そのほかに簡易保険などを加えると、ありあまる原資が蓄積されていた。明治以来の旧称では預金部の伏魔殿である。ありあまる豊富な原資は、何時の時代でも、おのずから運用のための貸付先を求めてきた。

問題は何処にあるか。財投か公団か。ニワトリと卵の関係に似ている。財役があるから公団は借金経営に走る。公団におカネが足りなくなるから財投が入ってゆく。財投と公団は切っても切れない関係にある。両者の関係を絶ち切ればどうなるか。それゆえ小泉改革が着手された。

この改革志向と、それを阻止しようとする抵抗派とが押しつ押されつを繰り返す、壮絶な戦いは『道路の権力』(平成15年)に活写されている。

我が国の上層官僚とそのOBは、国民の貯蓄を右に左に動かす策略《トリック》により、国民の汗から生まれた貯蓄を、いかに目立たず、くすね取って懐に入れるかの工夫を重ねている。このように測り知れない旨味のある特権を行使できる地位に就くため、我が国の学校秀才は日に夜を重ね勉強に努めている。税金からひねり出される教育関係支出の役割を考えるべきであろう。

竹内照夫『四書五経』

平凡社東洋文庫

●平易な表現を用いた簡潔な支那古典への案内

最も有名な早稲田騒動（尾崎士郎『人生劇場』の背景）をはじめ一橋（『一橋風雲録』）、同志社（『同志社事件の真相』）など弾圧とは異なる人事問題に絡んだ内部紛争による学校騒動は珍しくないが、戦後の北大事件は異様であった。北海道大学に新設の文学部に招かれた優秀な教授助教授が、本意ではないのに見切りをつけて続々と辞職して去ったのである。

武田泰淳（『司馬遷』昭和18年）、高橋義孝（『構想する精神』昭和17年）、風巻景次郎（『新古今時代』昭和11年）、杉浦正一郎（のち『芭蕉研究』昭和33年）その他である。その原因は東洋史教授藤井宏の狂気に近い継続的な文学部攪乱であった（坂本健彦『北大藤井事件と山根幸夫先生』平成17年『汲古』48号）。藤井宏は思いつく限り根拠のない個人攻撃を怒号して毎回の教授会を深夜まで引き伸ばし、片端からすべての同僚に無頼漢《やくざ》まがいの論法で因縁をつけ告発し、文学部は混乱の極みに達して収集がつかず教授の誰もが逃げ出してゆく（のち藤井宏は分限免職）。中でも磊落な竹内照夫（『春秋』昭和17年）は出勤した時、やあ、と挨拶がわりに藤井宏の後肩を軽く叩いたところ、藤井宏から暴行罪で咎められるに至り、これでは専攻を同じゅうする藤井とは一緒に居れないと北大を去った。不愉快の極みであったろうけれども、国立大学の煩雑な業務を免れて私立の関西大学へ移った方が、のちの豊饒な研究成果を生むのに好都合であったかもしれない。

　中島敦の小説「弟子」（『山月記・李陵』岩波文庫）最終行における子路の絶叫、「見よ！君子は、冠を、正しゅうして、死ぬものだぞ」この名句の出典を探しあぐねた村田秀明（『中島敦『弟子』の創造』平成14年）は、竹内照夫（『春秋』）において創作した辞句に中島敦が読点を添したのかと疑ったけれど、そうではなく、竹内照夫は史記の仲尼《ちゅうじ》弟子列伝第七の記載を此処へ置き換えたのである。竹内照夫は恣意的に筆を走らせはしない厳密な考証学者であり支那古典からの引用は、懐の中から所持品を取り出すように自在であった。

　その竹内照夫が、これ以上は望めないほど平易な表現で、支那古典の簡潔な案内人《チチェローネ》として書き下ろし、ロングセラーとなったのが『四書五経』（昭和40年・平凡社東洋文庫）。日本文化の生成と伝統の特色を会得するには、四書五経およびその周辺に位置する古典に通じていなければならぬ。何歳になってからでも遅くはない。この一冊が懇切な手引きとしての役割を果たしてくれるであろう。このほかにも入門書として『四書五経入門』（昭和48年）、『十八史略入門』（昭和49年）、『明解諸子』（昭和44年）、『干支物語』（昭和46年）、『資治通鑑』（昭和46年・明徳出版社中国古典新書）を世に送っている。

夏目漱石が『文学論』（明治40年）の序に、余は少時好んで漢籍を学びたり、之を学ぶ事短かきにも関らず、文学は斯くの如き者なりとの定義を漠然と冥々裏に左国史漢より得たり、と記したのはよく知られている。

左国史漢とは、『春秋左氏伝』『国語』『史記』『漢書』の四書を指す。近世期から明治にかけて、以上は学に志す者の必読書であった。今はおおむね『新釈漢文大系』（明治書院）の中から手軽に選べるけれども、注釈という仕事は新しいほど優れているというわけにはいかない。

明治の田岡嶺雲訳（但し代訳も少なからずと伝える、おそらくは久保天隋も加わったか）『和訳漢文叢書』十二冊に始まる漢籍の校定注釈事業は累々と積み重ねられてきたけれど、その多くはいたずらに漢字を和語に置き換える機械的な直訳に終始している。例えば金谷治訳注『孫子』（昭和38年・岩波文庫）のように、文脈全体の流れを整理し再構して読みとるといういちばん求められている要請に応えない直訳が今なお珍しくない。

その中で私が読み較べてきた経験から申すなら、『全釈漢文大系』三十三冊（集英社）が全巻をひっくるめて概観すれば、相対的に最も懇切で解りやすい。今は絶版であるけれど、修訂再刊を企てていただきたいものである。当分は古書店で探し求めるしかないのであろう。

竹内照夫はこの大系で『春秋左氏伝』上中下（昭和50年）を担当している。編集の上で分量が定められているから、四畳半で槍を振るう傾き無きにしも非ずであるが、竹内流の念入りな配慮には例によって怠りはない。別に現代語訳『春秋左氏伝』（昭和43年・並製版47年『中国古典文学大系』の7『中国の古典シリーズ』平凡社）を完成しており、この難解な原文の記述を一筋の流れとして整え、面白さを支える細部の表現に意を用いた感謝すべき労作である。

徳富蘇峰（『愛書五十年』昭和8年）は「支那の古典」と題して一文を記している。少し長くなるけれど、まことに適切な立言なので、敢えて原文のまま以下に引用する。

実行者としての支那人には、古来より敬服す可き者、甚だ少し。されど言論者としての支那人には、実に関心す可き者、甚だ多し。六経は云ふに及ばず、其他、老、荘、荀、孟、管、韓の類、固より枚挙に遑《いとま》あらず。世人往々伊丹利の政治論客マキアヴェリーを称す。然も之を韓非子と対照して、其の優劣如何。凡そ人間を、理面から解剖して、其の深刻、透徹を極めたる韓非子の如きもの、天地間に其類幾許《いくばく》ぞ。

蘇峰の見るところは『韓非子』に限らず、支那古典には『孫子』を例外として、時に冗長ではあっても芯は確かである。蘇峰が選んだのは、老子、荘子、句子、孟子、管子、それに加えて推す『韓非子』を、竹内照夫が上下二冊（昭和39年『新釈漢文大系』明治書院）に注釈している。

明治以後の校注もさることながら、例えば安井息軒の『管子纂詁』24巻五冊に代表されるような、江戸時代における学者の貢献も評価せねばならぬ。『告哲遺著遺著漢籍国字解全書』四十五冊（大正2年）の刊行を果たした早稲田大学出版部の労は大変なものであったろうと察せられる。

吹野安
石本道明『孔子全書』既刊十冊——明徳出版社

●編集の周到なること異存なし

論語のような古典の中の古典を読むに当たってのまた格別の楽しみは、長い間をかけて解読に努められてきた注釈書の系譜を、対比参照しながら自分の考えを練る、とつおいつの思案である。そのような読み方の基幹を提示すべく、松平頼寛が『論語徴集覧』二十冊を編集した。魏の何晏《かあん》の集解《しっかい》と朱子の集注と伊藤仁斎の古義と荻生徂徠の論語徴（平凡社東洋文庫）と、その当時は必ず就くべき教材であった四書を、論語の各章ごとに分けて並記したまことに便利な書である。論語の読解史そのものが即ち学問史でもあり、多くの対立争論が重ねられてきた。

近年に見ることのできた最高の劇は、それまで究極の達成とまで迎がれていた武内義雄の『論語之研究』（昭和14年）、その既発表所説に和辻哲郎が例によって便乗し『孔子』（昭和13年、全集6）を書いたその武内学説の立脚部分が、宮崎市定の『論語の新研究』（昭和49年、全集4）第一部歴史編によって完全に否定された旧説からの脱出である。あたかも巨大な高層建築が一瞬にして爆破され倒壊するかの如き光景であった。学問研究はその立脚した根拠が実証として成立しない旨が明らかになった時、見るに堪えぬほどまことに脆いのである。

我が国の近年では、蕪村俳諧における暉峻康隆《てるおかやすたか》の無理解（『日本古典文学大系58・昭和34年）が、中村幸彦の『此ほとり一夜四歌仙評釈』昭和56年、著述集9）によって根本的に是正された例がある。また『東海道中膝栗毛』を例に採って較べてみよう。出口米吉の評註（大正15年）や三田村鳶魚《えんぎょ》ら一党による論講（昭和元年）など先学の注釈書各種を机上に並べ、それらからちょいちょいお好みの訳を採った行き当たりばったりに繋いだ麻生磯次校注（『日本古典文学大系』62・昭和33年）と、自ら蒐集した未発見の新資料をふんだんに用いて、宿賃の値上りなどという一寸見《ちょっとみ》には何でもない件りにも、そこに込められた時代状況を見出すなど、万端の用意をもって臨む中村幸彦校注（『日本古典文学全集』49・昭和50年）とを対比するのも一興であろう。

それはさておき、悠々と刊行を続ける『孔子全書』は、孔子に関する膨大な資料の中から、最も基本的な文献を採録し、訓読・現代語訳・注釈などを施し、かつまた原文をも併録する企画である。

見渡せば、採録するところ、何晏『集解』、皇侃《おうがん》『義疏《ぎそ》』、那『注疏』、朱熹『集注』を主とし、さらに『史記』の世家と列伝および『史記』に記載の関連記事から『孔子家語』『孔叢子』から経書記載の関連記事に及ぶ、編集の周到なること万人に異存はあるまい。

もっとも、実際に就いてみれば、読解の姿勢は時代を経てもあまり変化はない。例えば冒頭の、朋有り遠方自り来たる。亦た楽しからずや、と述べるその一句において、なぜそれほどまでに楽しいのか、なぜこの一句が冒頭に置かれたのか、その意味を深く考えた注釈は見当らない。そこの点を察して解する私の試み（近刊）を参照していただければ有難い。

その昔、『千字文』（岩波文庫）と『論語』が本邦にもたらされて以来、論語を筆頭とする四書五経、加えて各種の史書雑著に至るまで、我が国における読解研究は精緻を極め、元禄期にはほとんど本国支那の水準をも抜いていた。

けれども夥しい数にのぼるわれわれの先学は、漢籍を、そこに書かれた文言に即して解釈したのである。伊達仁斎は『論語古義』の稿本二十種を残している（中村幸彦編『古義堂文庫目録』昭和31年、八木書店復刊）が、よく知られているように、それらには、最上至極宇宙第一之書、と記されているのがよく見える。実に結構な文言を稿本が伝えてくれた。

仁斎をはじめとする近世の碩学は、漢籍を、人間世界に共通する真理の発現であると信じ、広く人間性を会得するための教科書として読んだのである。

すなわち、漢籍を読む勉強によって、支那という国の特色、支那人の行動原理、支那人と交際する方法、そのような外交の問題として考究したのではない。なるほど漢籍は深く深く読んだ。しかし、支那という国家と人民の実体については終始一貫して無関心であった。日本人は『論語』が渡来してからの長い間、支那を研究せず、支那人については何ひとつ知ろうとはしなかった。日本人は遂に支那の実体を知ろうとせぬまま、夢幻のように、聖人を生んだ国、として尊崇してきた。われわれの祖先は、徹底して支那オンチ、国際オンチであった。

岡倉天心は豪傑を気取って独断に走り誇張癖が甚だしかったゆえ、Asia is one なんてハッタリをかましたけれど、彼は印度《インド》の貴族階層に属する数人と交際があっただけである。天心は写真術に長けたお伴を連れて支那大陸に渡り、画材としての風景を撮ってきただけ、支那人については関心がなかった。

戦後に興ったかの如くに見える中国学も、その本体は朦朧として焦点を結ばない。東の竹内好は毛沢東政権の日本派遣代理人《エージェント》として働いたのみ、西の吉川幸次郎は漢文を文字として読むだけ、自費で北京へ留学したくせに、支那人の実体については終生何も知らなかった。内藤湖南の格好だけ真似て、支那人と詩文のやりとりに興じるのみであった。

嗚呼、悠久の歴史時間二千年以上、日本人は支那人を全く知らないまま今日に至ったのである。その欠落を補うべく現れた冷静な観察者は数多く、文化大革命の実質が権力闘争であると、勃発の瞬間に見破った柴田穂から、現在も健筆をふるう中嶋嶺雄に至るまで、我が国民に覚醒を促した先覚者にこと欠かない。

その中で特に歴史家としての観点から、われわれに警告を発し続けた先達は岡田英弘である。『世界史の誕生』(平成4年、今はちくま文庫)、『日本史の誕生』(平成6年)、『中国文明の歴史』（平成16年・講談社現代新書）、『皇帝たちの中国』（平成10年）、『中国意外史』（平成9年）、『現代中国と日本』（平成10年）、『倭国』（昭和52年・中公新書）、『歴史の読方』（平成13年）、『歴史とはなにか』（平成13年・文春新書）、『だれが中国をつくったか』（平成13年・PHP文庫）、『やはり奇妙な中国の常識』（平成15年）、『妻も敵なり』（平成9年）、『この厄介な国、中国』（平成13年）その他に就いて学ばなければ、日本の進退を按ずる時に致命的な誤りを犯しかねないであろう。

有史以来、支那に住むひとびとは、国家としての一体感とは無縁であった。当然のこと、国民としての連帯感なんて微塵もない。統治という政治行為が一貫して行われなかった。皇帝は商社の統領として君臨し、清の擁世帝を除き、国民の生活に関心を持たない。野心のある人は官僚となる。彼等は人民を絞って富を蓄積した。

その貪婪《どんらん》な物欲は現代もはや頂点に達している。北京の中南海に住む政府の要人は、妻や子弟などの一族を要職に就け、限りなき利権を保証し、飽くことなく蓄財に励んでいる。国民の利害を代表する責任者がいない。主席とか首相とか自称している連中の悉くは、最も大きな利権を占有しているというだけである。彼等と取引きしても外交の実は挙がらない。我が国と支那が対等に向き合う機会は永遠に訪れないであろう。

リチャード・A・ヴェルナー『円の支配者』——吉田利子訳　草思社

●日銀という名の法王支配が始まっている

アメリカの占領軍は戦争が終る前から、日本を変革し統治する基本の方針を練りあげていた。そこで我が国の政治が旧内務省を軸に転回していると見定め、乗りこむなり直ちに内務省を解体する。しかし、日本の旧大蔵省に該当する省庁が本国にはなかったので、死角に入っていた大蔵官僚は、その見逃しに乗じてたちまち勢威を築いた。あたかも大蔵省を代表する格好で、達者な英語を駆使しながら占領軍との交渉にあたったのが、渡辺武（『占領下の日本財政覚え書』昭和41年）である。吉田茂の代理人として活躍したイギリス仕込みの紳士（北康利『占領を背負った男白洲次郎』平成17年）程ではなかったにしても、渡辺武という人材を保有する大蔵省は見る見るうちに伸し上がり、国家予算の編成権を一手に握る主計局長は政財界を睥睨《へいげい》するの観があった。

その独歩独走を横目に見て失陥を託《かこ》って納まらぬのが日本銀行である。もっとも終戦からしばらくの間、日銀は人を得なかった。番附一枚の差で公職追放を免れ、大阪支店長から一躍して総裁となった一万田尚登《いちまだひさと》は、日銀を大蔵省の手綱から解放しようと決意してはいたものの、法王と畏れられている割には財界の信を得ていない。川崎製鉄の西山弥太郎が我が国で初めての鉄鋼一貫製造のため融資を求め（会田雄次『歴史を変えた決断の瞬間』昭和59年）た時、千葉沖に予定した土地にペンペン草を生やしてみせると嘲って蹴ったり、自動車が必要ならアメリカから買ったらよいと放言して業界を失望させ、それらの構想を救って奨励した池田勇人に名をなさせる結果となった。

戦後の経済復興を見通すにあたって日銀は悲観的な観測に傾いている。のち高度経済成長を唱えた下村治（『経済成長実現のために』昭和33年、『経済大国日本の選択』昭和46年）を窓際に追いやって発言を封じたり、既成の理論に寄りかかって予測を誤った例が少なくない。しかし大局では日本経済の活力を現実に即して洞察し得ないにも関わらず、官僚根性の通弊として権力の掌握に邁進する執念だけは熾烈であった。

策謀と奸計と偽瞞と野望を縒《よ》りあわせた隠微な迂回作戦をとり、権限拡充に至る日銀首脳によって、国民が弄ばれた軌跡を、公式に残る記録の数値に突っこんだ分析を施しながら、広範な直接の関係者を尋ねて、聞き取りをも重層的に加え、伏魔殿にも比すべき日銀の潜行する実体を白日のもとに晒したのが、ドイツ生まれの経済観察者《ウォッチャー》リチャード・A・ヴェルナーの、『円の支配者』（平成13年）、『謎解き！　平成大不況』（平成15年）、『なぜ日本経済は殺されたか』（平成15年）、『不景気が終らない本当の理由』（平成15年）、『虚構の終焉』（平成15年）と続く連作である。

日銀の秘めやかな内密の方針決定は、世襲にも譬えるべきごく少数に限られた代々の選良系《エリート》列によって行われてきた。入社後の早い時期に目をつけられ選ばれた稀れな強か《したた》者だけが帝王教育を受け、特権意識の権化となって権限行使の手法を体得し、総裁就任への階梯を着実に昇ってゆく。その秘密結社にも似た伝統の中核グループを社用語で、関東軍、と呼ぶ。

日銀総裁は、大蔵官僚からの転出と日銀生え抜きとが交替で就任する建前になっているけれど、大蔵省から来た総裁の下には、必ず生え抜きが副総裁として小判鮫のように張りつき、情報を独占して総裁を干しあげ視野のきかないお飾りにしてしまう。つまりは、戦後一貫して生え抜きの選抜者《エリート》のみが実権を握ってきた。その系譜は、一万田尚登、新木栄吉、佐々木直、前川春雄、三重野康、福井俊彦、以上の六人である。一般に謂わゆるエコノミストが常に抽象的な言い方に終始して、実名を挙げないのは、報復の意地悪をひたすら恐れるゆえであろう。そのように萎縮した自己規制の慣習に属することなく、必ず実名を挙げて論を進めるヴェルナーの断固たる姿勢には、他に例を見ぬ粘り強い説得力がある。

国を挙げて土地への闇雲な投資が堤防決潰による激流さながら氾濫していた頃、司馬遼太郎(対談集『土地と日本人』中公文庫)は、昭和三十年代の終わりごろから、土地を公有にしなければ日本はどうにもならなくなるのではないかと思うようになりました、と憂いに沈んで語っている。もとより確かにその通りであった。しかし、その狂乱は日本人のすべてが愚かであったゆえではない。ヴェルナーが調べ抜いて暴露するところ、それは日銀が仕組んだ謀略である。一般の省庁でおこなわれる行政指導という手法を、日銀では、窓口指導、と呼ぶ。この窓口指導に従わない銀行がひとつでもあれば、必ず致命的な竹篦返《しっぺがえ》しを喰らうであろう。そんな恐ろしい虎の尾を踏む銀行はこの世にない。そして省庁の通達や日銀の窓口指導は、必ず口頭で行われ、決して書類に明記するなんてへまはしないから、結果がどのようになっても官僚は一切の責任を免れ、指導に従ったゆえに落ちこんだからとて、企業も銀行も泣き寝入りするしかないのである。

一九八五年九月二十二日のプラザ合意を契機として、日銀の窓口指導は貸出割り当てを通じて不動産への投資を奨励し、バブルを急激に膨らませた。その結果として行き過ぎた信用は不良債権と化する。となれば、融資の元詮を締めて不動産関係の投資に渋い顔を見せればよい。総量規制によってバブルは劇的に破裂、軟着陸の正反対、甚だしい混乱を招いたのは周知である。

日銀は国内を自在に操って、日本経済の支配力を日銀が握っている実体を広く知らしめた。そこで宿題の日銀法改正が実現し、日銀は財務省の軛《くびき》をふりほどいて独立を勝ちとる。それまで日本で最も強力な機関として手綱を握っていた大蔵省の権威が消えた。以後の日銀は欲するがまま日本経済を操ることができる。

官僚は権限を拡大するためには手段を選ばない。今後も我が国の新聞各紙は、日銀の逆鱗《げきりん》に触れるような記事は決して書かないであろう。我が国は日銀法王の支配下に入ったのである。

長谷川慶太郎『王道をゆく投資』――ビジネス社

●市場のことは市場に聞けと言うしかない

十年ほど前まで大型書店に足を踏み入れたすぐそこ、いちばん目立ちやすい新刊書コーナーに、堂々と平積みされていた各種経済書の売れゆきがぴたりと絶えて久しいのが印象的である。経済学や経営学を専攻する学者先生たちやエコノミストが、読者からいささかも信用されなくなった。

専らひとびとの眼が向いているのは、テレビで即興にあることないことの与太を飛ばして笑わせてくれる演技者の戯言《じょうだん》と、斬った張ったの現場に身を置く経験豊かな証券アナリストの現状分析とに限られている。既成の公式理論から出発して業界術語《ジャルゴン》を操る曲芸師《アクロバット》はもはや何処からもお呼びでない。問題の核心は一点に絞られる。世界経済の行方を決する動因を見極め、その一瞬も途絶える時のない、緩慢のように見えながらも確実に推移する、流れを見透す大局からの洞察である。

今から四十年近く前、『韓国の経済』および『日本の経済力診断』（共に昭和53年）をもって劇的に登場した長谷川慶太郎は、世界の経済と社会の動きを見抜く観察者として抜群の実績を持つ。世間が叩頭する肩書を持たない在野の独立独歩であるから、権威を重んじる事大主義の新聞雑誌は脚光で照らし出さない。けれども、石油ショックに惑乱し世を挙げて主婦がトイレットペーパーを求めて走った時、中東石油を積載した天型船《コンテナー》が現に我が国へ向かって航行中であると見抜いた慧眼は画期的であった。

また、サウジへ侵入したイラク軍を追い返すべく、国連軍が何時出撃するか世界中が固唾《かたず》をのんで注目していた時、午前のテレビ生放送で、本日の午後始まりますと断言し、事実その通りになった例にも窺えるように、その確信を支えた情報蒐集力もまた群を抜く。

かつて私は『先見力の達人長谷川慶太郎』（平成4年）を刊行したが、今も説くところを改める必要を認めない。新しい発言として『株で確実に儲かる唯一の方法』（平成16年、楠大史と共著）に続く提言が本書である。

長谷川慶太郎の見るところ、目下急増中のデイトレーダーと言われる個人投資家のほとんどは、投資家ではなく正確には投機家であるにすぎない。投機家というのは、買っている対象の銘柄が、実際にはどんな会社であるかを知らず、その会社が儲かっているか損をしているのか、その判定にすら無関心である。投資の対象である企業の将来性について十分な調査を行うなどという、手間のかかる勉強を嫌う。ただ単に買った株は上がってほしい、売った株は下がってくれと願うだけ。このような近視眼のちゃくい掠め取りに執着したところで、肝心な経済の動きを察知する能力は養われないのである。

投機ではなく投資を！　投資には勉強、つまり情報収集力・分析力・先見力を！　との訓戒が本書では強調されている。その勉強は理論の学習を意味するのではない。市場のことは市場に聞け！　が原則であり基本である。

よく知られているように、アメリカでは短期金利が上昇しても、金融市場では長期金利が全く動かない、というこれまでに見られなかった現象が発生している。〇五年二月、アメリカの金融政策運用の責任を担うグリーンスパンＦＲＢ（連邦準備銀行）議長（当時）が、上院銀行委員会において、この新たな経済現象についての説明を求められた時、平然と、アイ・ドント・ノウ、と答えた応酬が有名になった。世界の情況は、今や従来の経済学の常識では理解できない趨勢に入っている。一般の投資家はどのように対応すればよいのか。答えはひとつしかない。理屈に頼らず、市場の流れが示す方向をどう判断するか、それしかほかに方法はない。

有力な企業情報を入手するためには、特別な人脈を形成していく必要もある。しかし、たとえそうしたコネが假にあったとしても、情報というものは何時でもタダで代償なしに教えてもらうことは難しい。なぜなら、情報は交換という相互利得によって得られるわけであり、それゆえ、情報を得るには、こちらも相手に提供できる情報を持っていなければならない。

そうした格別なコネを持たない一般の個人投資家でも、自分が選択した企業の内容を、きちんと分析できる有益な情報源がある。エコノミストが披瀝する予測より、自ら確認できるデータの方が安全で確実な情報なのだ。季刊の『会社四季報』（東洋経済新報社）、『日経会社情報』

（日本経済新聞社）なら書店に行けば誰でも入手できるし、これだけでもデータはかなり豊富である。中長期的な投資を目指すのであれば、以上の情報だけで十分だろう。

だが、これら分厚い資料に目を通すことは、誰でも知っている基礎的な心得であるのに、その基礎的な下調べが、意外にも、めんどくさい、読まずに手っ取り早く情報が欲しい、という理由で、手をつけていない人が案外に多い。そういう懐手の姿勢では、必ず投資に失敗し、あとで、目を通しておけばよかった、と思っても手遅れである。証券会社の無責任な客引き社員など他人に判断を委ねるのでなく、自ら四季報などをボロボロになるまで熟読すれば、自分なりの判断基準が身についてくるものである。ちなみに近代文学専攻の私は、近代史を見渡すための必要資料として、全三冊大型の『日本会社史総覧』（東洋経済新報社）を手許に置いている。

　株式投資を行うにあたって、最低でも、三年間は、株式を保有することが大切である、と、長谷川慶太郎は説く。三年の間に、経営者がどのような経営をしてきたかを見定め得る、また景気の変動から見ても三年という期間には意味があるというのも、景気の循環《サイクル》はおおむね三〜五年で好不況が変わるからである。さらには長い期限《ターム》の方が危険《リスク》も少ない。

　自分なりに情報を集めて、国内外の経済・政治情勢、業界や経営全体の動向をしっかり把握するには、短期間の付焼刃ではとても無理である。投資はその企業の将来性に期待して資金を託す後援であり、投機の賭博性とは次元を異にするのである。

【七十歳】

大村彦次郎『時代小説盛衰史』――筑摩書房

●熟年にのみ許されている奥の深い楽しみ

ヴァン・ワイック・ブルックスのアメリカ文学史物語の第三部に当たる『花ひらくニュー・イングランド』上下（邦訳昭和26年）の、石川欣一の訳文が上乗であったのを契機としてか、伊藤整が『日本文壇史』（講談社文芸文庫二十四冊、19以後は瀬沼茂樹執筆、総索引を付す）を書き始めてから、哲学史を真似て硬直した文学史よりも作家の生きた姿かたちの描写に重きを置く文壇史の視座が目立つようになった。外国種では河盛好蔵『フランス文壇史』（昭和36年）、国文学畑では小高敏郎『近世初期文壇の研究』（昭和39年）が先駆けとなり、渡辺一民『フランス文壇史』、小野寺健『英国文壇史』（平成4年）、ジョン・グロス『イギリス文壇史』（邦訳昭和47年）など、文壇史歌壇史に類する書名が次第に増えてゆく。

それにつれて文壇史の記述を支える回想録や評判記が注目を浴び、関良一による文壇史文献目録（雑誌『国文学』）が画期となった。臼井吉見が『現代日本文学全集』の企画に『文学的回想集』（昭和33年）を加えたのも大きな刺激となっている。

ついでながら『現日』の端本では、この『回想集』と『現代訳詩集』（昭和32年）が格別のお買得であること、現物を手にとって見られたら御納得であろう。

この趨勢はますます勢いを増し、それまでの回想録ではほとんど作家の専有であったところの範囲が広がり、編集者および出版人の回想記が一段と増した上、さらにはその編集者および出版人の伝記まで続々と描かれるに至り、よほど目配りを密にしていなければ、うっかり文学史的な記述に手を出して、知識の不足がたちまち暴露する剣呑な時代になった。

それほど範囲が拡散して花盛りとなった今日でも、読んでいちばん得るところの多い濃密な記述では、大村彦次郎の『文壇うたかた物語』(平成7年)、『文壇栄華物語』(平成10年)、『文壇挽歌物語』(平成13年)、『ある文藝編集者の一生』(平成14年、戦前の『新潮』を編集した楢崎勤の伝)が最高水準に達している。加えて『時代小説盛衰史』(平成17年)に至っては感嘆のほかない。

大村彦次郎の最も執心する主題は編集者の活動と役割である。謂わゆる純文学の舞台廻しであった楢崎勤の伝を別格とすれば、主として大正時代に興隆した当時の呼称では、大衆小説、戦後になると新たに中間小説、と呼ばれるようになった分野が主として採りあげられてきた。尾崎秀樹の極めて大まかな『大衆文学五十年』(昭和44年)、『大衆文学論』(昭和45年)などで、朧気にして見えていなかったこの領域に、はじめて焦点を絞って照明を当てた功績は大きい。

私のかねてから見るところ、時代小説の外観で書き進められた名作の系列は、実際には同時代を写し出す現代小説であった。文壇の純文学が迂遠な表現でお体裁を繕っていたのとは逆に、時代小説こそが大正昭和の過渡期を着実に写しとっていたのである。今後に書かれるべき文壇史は、もっと鬠物《まげもの》を重く扱わなければならない。

その代表的な傑作が申すまでもなく大佛次郎の『赤穂浪士』である。昭和二年正月から書きはじめられたこの長篇が、大正から昭和にかけての政局および世相に対する真摯な批判に貫かれていること明瞭であろう。さらには昭和五年の「ドレフェス事件」が、我が国の軍部が蠢動《しゅんどう》を重ねて狙っている政権への執着を、露骨には表に出さない婉曲な攻撃であり、それを通じての国民に対する深刻な警告であった。

その間の呼吸を敏感に覚っていたゆえに、文壇を率いる主将をもって自任していた横光利一が、純文学にして通俗小説、このこと以外に、文芸復興は絶対に有り得ない（「純粋小説論」）という、当時は誰にも理解されなかったほど、一寸見には奇異であるが画期的な提案を行ったのである。しかし横光利一自身が純文学と通俗小説の融合に成功しなかったため、課題は彼の死後に持ち越され、その志向が戦後に甦って中間小説のかたちをとったと見てよいであろう。

長谷川海太郎が谷譲次の筆名で書いた、メリケンジャップ物および欧米怪奇実話には、我が国に大衆社会が成立してゆく動きへの観察を秘めている。また、久生十蘭《ひさおじゅうらん》の『無惨やな』は、森鷗外の『栗山大膳』に対する痛烈な批判であった。長谷川伸の『一本刀土俵入』が、人生行路におけるやむをえない軌道修正、初心とは必ずしも合致せぬ仕切り直しを、暗に励ます含意を芝居に組み立てたと見てよかろう。洋服を着た鞍馬天狗と揶揄された大佛次郎の『帰郷』が戦後日本の一面であった軽佻を批判して最も的を射ていたと私は評価する。

若い時の虚栄心に駆られて何となく崇敬した純文学の価値を再検討し、筋を追うのに夢中であった通俗小説を、人生体験に照らして読み直すのも、熟年にのみ許されている楽しみのひとつではなかろうか。

外国文学においても事情は全く変らない。サマセット・モーム唯一の純文学と認められ、各種翻訳全集に採録の定番となっている『人生の絆』と、通俗小説として軽く見られている『お菓子と麦酒』とを対比し、人間観察の眼力ではどちらが深いか、考えてみるのもまた一興であろう。マキァヴェッリの『君主論』(岩波文庫)の本体よりも、その説くところに血肉を与え、チェーザレ・ボルジアが実行で示した政治の要諦を、モームが『昔も今も』でどれほど巧みに描いているか、つくづく実感する面白さはまた格別である。

学界の定説や世間の風評に縛られず、すべてを我が眼で鑑別できるようになるまで、ある程度の時間を要する。人間は無駄に年齢をとらぬように、成熟という恩寵を与えられるようにできていると思われる。

フェルナン・ブローデル『歴史入門』——金塚貞之訳　太田出版

●今世紀最高の歴史家のフランス風機智による開眼

フェルナン・ブローデルはどのようなイデオロギーにも捉われず、従来の古今東西いかなる学説にも信従せず、歴史観察の視座を人類の生活形態と物資の交流経過を辿る最も具体的な細部にわたる資料を丹念に掘り起こしながら、しかも常に変化して止まぬ滔滔《とうとう》たる勢いの史的潮流の動因を見分けつつ、俯瞰的に大観する気宇壮大にして滋眼を持つ歴史家であった。

最もよく知られた『地中海』（邦訳五冊、平成4年）の宣伝辞句《キャッチコピー》に、今世紀最高の歴史家不朽の名著、と謳うのも決して過言ではないと肯ける。

『ブローデル　歴史を語る』（邦訳昭和62年）の訳者が訳すように、この碩学が寄与した視点である longue《ロング》 duree《デュレ》 は、長期的持続、長期間の歴史、長期的な時間の枠組、の意であるが、要約すれば、歴史において極めてゆっくりとした律動《リズム》でしか変化を示さない恒常的な要素、換言すれば持続的な事柄を意味し、またそのような根元の要素に注目する視点の定め方であり、そうした持続を把握すべき、長いタイム・スパンを測った認識の枠組である。

また、『歴史入門』の訳者が紹介するように、ブローデルは新しい歴史学「アナール派」を代表する存在である。アナールとはフランス語で「年報」「紀要」の意であり、一九二九年にマルク・ブロック（『フランス農村史の基本性格』邦訳昭和37年、『封建社会』二冊、昭和52年、伝記にキャロル・フィンク『マルク・ブロック』邦訳平成6年）とリュシアン・フェーブルによって創刊された学術雑誌『経済・社会史・年報』に集まったグループ（竹岡敬温『「アナール」学派と社会史』平成2年）が「アナール派」である。創刊者両人の没後一九五六年以降、ブローデルに同誌の運営が任された。ブローデルが『物質文明・経済・資本主義』（邦訳六冊、平成11年）を完成してのち、この大著を著者自身により簡潔に要約した講演が『歴史入門』であり、読み易い大きな活字の流暢な訳文と要を得た注の加え方に気配りが行き届いている。

ブローデル曰く、私が出発したのは日常性であった。人間は何を食べていたか？　彼等は何を飲んでいたか？　彼等はどんなものを着ていたか？　彼等はどんなところに住んでいたか？　突飛な問い！　それらの答えを見つけるためには、ほとんど発見の旅を必要とするであろう。と言うのも、御存知の通り、伝統的な歴史書の中では人間は食べも飲みもしないからである。この一条に含まれているような、温顔をもって問う的確で辛辣だけれど上品な諧謔《ユーモア》が、ブローデルの全著作を貫流するフランス風の機智《ウィット》である。

例えば、欧州が選択した小麦、それは大地を貪り、そのため定期的に大地を休ませることを必要とし、そのことがまた、家畜の飼育を必要とし、可能にもした。今、牛や馬、犂や荷車抜きに、欧州の歴史を想像することができるだろうか。この選択の結果、欧州では常に農業と家畜の飼育が結び付き、肉食の傾向を帯びることになったのである。ここで私は敢えて口を挟《さしはさ》む。蓄えた肉のやむを得ない臭味を消すため、生活上に香料の必要が高まり、それが大航海時代へと突き進む要因となった事情が、彼の著作のあらゆるところに描かれている。

そして、ブローデルが特に力を込めて論じたのは米作農業が必要とした人間関係の特殊性である。曰く、米は人手のかかる栽培、即ち、動物が入り込む余地のない集約的な農作業を必要とする。米作地域で肉食が少ないのはこうした理由によるものである。米作農業の深刻な問題は他の箇所（『物質文明』第1巻189頁）で詳説されている。米作は労働・人的資本の厖大な集中と、その場その場での注意ぶかい応用変化とを必要とした。なおまた、その灌漑システムの大綱が全体として堅く結び合わされず、また高所からの監督を受けなかったなら、なにひとつ静止してはいなかったであろう。そこに内包されているのは、堅固な社会であり、国家の権威であり、そして果てしなく広範囲にわたる労働である。水田のための過剰装備は、国家の過剰装備を内包していた。

人間関係と社会構成の特質を見抜くブローデルの慧眼に比すれば、マックス・ウェーバー（邦訳『儒教と道教』昭和46年）の立論がいかに知ったかぶりに発しているかが明瞭であろう。また、ハーバート・ノーマン（『忘れられた思想家』昭和25年）が音頭をとって戦後左翼により異常に持ちあげられた安藤昌益の、支配関係を実質的に解消させるための皆耕論が、原因と結果を逆に考えた妄想であることも理解できよう。

元へ戻って食生活の問題。トウモロコシは日々の糧を得るには最も簡単で便利な作物である。それは速やかに成長し、ほとんど手もかからない。食材としてのトウモロコシの選択は余暇を生み出し、そこから農民を他の方向へ向ける強制労働が可能となり、それゆえアメリカインディアンの巨大なモニュメントができあがった。暇で農作に使われない労働力が社会によって収奪されたのである。

貨幣は、それをもって交換を促す手段のすべてを指すものとすれば、太古の日常性における非常に古い発明である。そして交換のないところには社会も存在できない。貨幣の発達を促し、都市の圧倒的な発展を生み出したのは、人間生活における変化の連続であった。都市と貨幣は原動力であると同時に指標でもある。以下に続く市と大市と取引所を軸とする経済生活の展開は核心をなす観察であり、アダム・スミスからシュンペーターに至る抽象的な経済理論が鮮やかに批判されている。

なお没後刊行の『文明の文法』（邦訳二冊、平成8年）は、両大著の中間に教科書《テキスト》として書かれた「世界史講義」を副題とする。中でも日本およびアメリカの社会構造を論じた章は現下必読と言えるであろう。

久世光彦『マイ・ラスト・ソング』四冊――文春文庫

●懐旧の甘酸っぱい思い入れを誘ううれしい叙述

桜のころになると、きまって思い出す唄がある。その花が散りはじめると思い出す奴がいる。「港が見える丘」と死んだ上村《かみむら》一夫である。

このように語りはじめる普段着に身を包んだ久世光彦《くぜてるひこ》の、つい其処から何となく話しかけてくる温もりのある口舌みたいな呟きは、自分を慰めてやりたくなるような歌謡曲の滲み入る哀切な情緒に思いを駆けさせてくれる。以下は彼の回想である。

「普通は〈歌〉と書く。けれど『港が見える丘』は、つい〈唄〉と書いてしまう。なぜだろうと考える。歌と唄はどう違うかというと、字引を引いても何処にもそんなことは出ていないが、私の勝手な使い分けでは、唄の方が歌よりも軽く小さく、どこか投げやりで、その分哀しい。どっちかと言えば、唄にはオーケストラよりも、三味線やギターのような手持ちの楽器の方がよく似合う。ついでのことに、無伴奏で鼻歌っぽく唄うのがいちばんな感じかもしれない。

たとえて言えば、『北の宿から』は歌で『女の宿』は唄である。『女の宿』をテレビで見ると何だか気恥ずかしくなるが、間口二間の場末の店で、くたびれた横顔の流しの歌で聴くと泣きたくなる。泣いてしまう。

『同棲時代』や『修羅雪姫』で一世を風靡《ふうび》して、呆気なく急な死を迎えた上村一夫は、他の歌を歌わなかったわけではなかったが、上村一夫と言えば『港が見える丘』だった。この歌を歌うために飲みに行くのではないかと思うくらい歌いたがったし、みんなも聴きたがった。ギターのコードは間違いだらけだったけど、この歌だけには他人の伴奏を嫌がって自分で弾いたし、またそれが絵になっていた。弾き語りというのはこういうことなんだと、私は上村の『港が見える丘』を聴くたびに思ったものである。思い入れ十分に泣くのではない。まるで秘かな猥歌のように、妙にヘラヘラ笑いながら唄うのである。それは、戦後のあのころならどの町にもあった汚いドブ川の水が、品のないネオンの色を映してゆっくり流れて行くような『港が見える丘』だった。

上村の歌がちょっと変わっていたのは、よく聴いてみると〈あなた〉を〈アンタ〉に、〈私〉を〈アタイ〉と言い換えて歌っているところだった。《……アンタとアタイにふりかかる春の午後でした……》。これが何ともやりきれなくて切ないのである。伏し目がちの純情な女と、少し気の弱い二枚目の男の物語が、いつの間にか、鋭い目つきの、香料よりは機械油の匂いに近い安ポマードで髪を光らせた男と、薄っぺらな花柄のスカートにペンキみたいに真っ赤な唇の女の、自堕落で精液の匂いのする話になってしまっているのである。すると、不良という言葉に、まだ可愛げで、安っぽいけど胸がキュンとするような甘い痛みがあったあのころの、変に明るい青空が私には見えてくる。『港が見える丘』は、昭和二十二年に平野愛子が歌った歌である。戦後のあのころは、どうしてあんなに空が青かったのだろう。上村も歌いながら、それを不思議がってるようだった。上村という奴は、思い切れない別れた女のように、死ぬまで〈あのころ〉に拘《こだわ》っている奴だった。『あたしたちは、どこかに何か、忘れ物をしてきたんじゃありませんかね?』。上村がだらしなく酔っては呟いていたのを思いだすにつけ、私は、あいつがあの歌をヘラヘラ笑いながら歌っていたのは、戦後私たちがチューインガムのように投げ与えられた、〈自由〉とか〈民主的〉とかいう、銀紙にくるんだ胡散臭い熟語を冷笑していたのではないかと、このごろ思うのである。

あのころ何かが始まったのか、それとも終ってしまったのか。私たちにはよく判らなかった。なんとなく納得のいかないまま、後生大事にこの質問を抱えて、いまだにうろうろしているのが、私たちの世代なのかもしれない。そのころ私は十二歳、上村はもう少し子供だった筈である。青すぎる空を見上げて、私たちは不安だった。まだ髭も生えていないくせに、〈日本〉ということを確かに考えていた。今も同じである。今もよく判らない。だから私の目には、『港が見える丘』の〈チラリホラリ〉の花片が、爛漫さくら祭の紙吹雪に見えてならないのである。」

ＴＢＳの名ディレクターとして活躍していた久世光彦は、赤坂の麻雀荘で、有線放送が流している聞き慣れぬ歌が気になった。艶歌なのに男女でハモッている。誰に尋ねても知らない。意地になって一年ほど前のレコード業界誌を捲《めく》っているうち、ようやくその売れなかったレコードの広告が目に入った。彼は躊躇なくドラマ「時間ですよ・昭和元年」のテーマ曲として流す。それが「昭和枯れすすき」であった。戦後歌謡曲の系譜を時代相と重ね合わせて語る『マイ・ラスト・ソング』『みんな夢の中』『ダニー・ボーイ』『マイ・ラスト・ソング最終章』(共に文藝春秋)四冊は、ひとびとに甘酸っぱく懐旧の思い入れを誘う何とも嬉しい叙述である。

戦前の歌謡曲史はあまりにも多く、読者の好みに任せるしかないけれど、私は丘十四夫《としお》の『歌暦五十年』(昭和29年)に感服している。或る曲がどのような経緯《いきさつ》でヒットしたか、その作詞と作曲と歌手との錯綜する運命の糸を、ささやかだけれど決定的となった逸話をたどりながら、人間像と時代相を絡めて回顧する筆致が、他に見出し得ない貴重な記録となっている。よく売れた詞のみを集めたのには、志茂田信男他編『新版日本流行歌史』上中下(平成7年)などがあり、楽譜も歌詞とを併せた『全音歌謡曲大全集』九冊(平成13年)も重宝であろう。しかし『愛染かつら』主題歌として流行った六曲すべての歌詞を何処にも見出せないのが残念である。平岡正明(『日本の歌が変る』昭和55年)が、艶歌は、ささやくように歌うときにも、腹に力が入っていなければいけない、と記している。もちろん西沢爽の『日本近代歌揺史』三冊(平成3年)による貴重な貢献を忘れてはならない。

宮崎市定『アジア史概説』——中公文庫

●最も説得力のあるアジア史学を確立した豪傑の視座

東洋史学の中心は巴里《パリ》と京都にありと、定評となっていた時期の京都学派は、君山《くんざん》狩野直喜の清朝考証学を継ぐ漢学系、湖内藤虎次郎の綜合的文化史学、桑原隲蔵《じつぞう》（支那趣味を嫌って号を称さない）の西欧風文献考証、以上の三者を基軸として展開を見せた。これら碩学の長所すべてを吸収し、最も説得力のあるアジア史学を確立したのが、「鄂州之役」（『内藤博士頌寿記念　史学論集』昭和5年）をもって出発し、七十年間たゆまぬ研究活動を続けた宮崎市定である。

しかし、その生涯は逆風に耐える強靭な精神力に支えられていた。松本高校の出身ゆえ、三高を経た者を正統とする京都学派では異端視され、河盛好蔵と桑原武夫の後押しで虚名を博した吉川幸次郎から嫉まれ排除され、東京大学系の戦後は跳梁を極めた左翼集団から無視、軽侮され、その悪気流に抗しつつ黙々と研究成果を積み重ね、まだ鋭気潑剌たる時期に『宮崎市定全集』二十五冊を刊行、各巻の巻末には詳細な長文の「自跋」（のち『自跋集』平成8年）を書き下ろし、かつて自分の学問を黙殺し侮蔑した連中に心ゆくまで反論して筆誅を加えるという快挙を成し遂げた。

近代日本の夥しい学者の中で、最後に最も天恵を受けて労に報いられた強運の豪傑ではなかろうか。すべてを代表作と見做したい豊饒な貢献の中から、敢えて『アジア史概説』(昭和22〜23年、改版48年)を選ぶとしよう。ちなみに前野直彬と吉川幸次郎が文献読解力に欠けている実状は張明澄(『誤訳・愚訳』昭和42年、『間違いだらけの漢文』昭和46年)によって暴露されている。

宮崎市定の見るところ、人類が金属器を使用するようになる前後に、国家が成立するのが普通である。真の歴史は、国家の成立から始まる。人類の最初の国家形態の一つに都市国家と呼ぶものがあった。アジア古代における都市国家の分布は極めて広く、西方はメソポタミアから、ペルシャ、中央アジア、インドを通じ、東は北支那の黄河水系平野に及んでいる。

民族なるものは決して先天的に与えられたものではない。純粋な民族とは、医学的に均一な骨格体質をもっていることよりも、むしろ思想・信念において統一された歴史的民族を意味する方が多い。

歴史の進行にとって最も重要な要素は民族、土地とともに相互間の交通ということである。ヨーロッパではゲルマン民族、スラヴ民族は最も開明の遅れた民族であって、彼等の生活が世界的水準に達したのはここ数百年来のことであるが、今日では世界文明の先端を争う優秀文明の所有者となっている。すなわち彼等は最低限度に必要な程度の刺激を世界交通によって受けたのであるが、それまで世界交通の大道から除外されている間は、せっかく優秀な素質を持ちながらも、周囲の環境にはばまれて能力を発揮するに至らなかったのである。

いやしくも自己の記録を持つようになった文化民族ないし国家は、互いに交通という紐帯《ちゅうたい》によって緊密に結びつけられている。ユーラシア大陸およびアフリカの北岸に居住する民族が、知能的におよそ平均した発達を遂げているのは、彼等が有史時代に入って、少なくとも外界の進歩に追随できるだけの交通を営んでいたことを物語る。

世界史上に現れた各民族、各国家は、決して離れ離れに成長をとげたのではなく、実際は従来一般に考えられていたよりも、遥かに密接に影響しあい交渉しあってきた。アジア東部の民族と、アジア西部、さてはヨーロッパの民族とは、有史以前からすでに深い文化の交流をもっていたことは、考古学の証明するところである。

有史以後になっても相互の交渉はますます盛大になることはあっても、減退することはなかった。大和朝廷時代、すでに日本からアジア大陸を横断しあるいは迂回して、西方地中海に到達する二幹線、すなわち南北両大道が記録にとどめられており、奈良朝を経て平安朝に至るや、ますます東西の交通は賑やかになった。二幹線のうち、北大道は主として陸上を走り、北支那、中央アジア、ペルシャを経て西に向かい、南大道は主として海上を航行し、シナ海、インド洋を経て西方に達する路線である。

近世的ヨーロッパの膨張が、アジアに与えた最大の変形は、交通線の変化ということで要約されよう。まず海上交通線はその西端において、ペルシャ湾はもはや袋小路の行き詰りとなって、ほとんど重要性が認められなくなり、替わってアフリカの海岸、殊に南端のケープタウン付近が重要な位置を占めるようになった。

海上交通幹線の変化に呼応して、陸上の東西交通路線もまた大きな改変を受けた。それはロシアによるシベリア交通線の開拓である。この交通路はなお未発達であり、極めて不便の多いものではあったが、それが支那とヨーロッパの東端とを直結するものであり、殊にその中間にイスラム教徒の妨害を受けない長所があったため、次第に盛大となり、やがて数千年来の歴史を持つ、中央アジア経由の謂わゆる「絹の路」を不要のものにさせる糸口を開いた。

宮崎史観の勘所を私なりに要約すれば、文明の興隆と衰退、その拠点となる都市の栄枯盛衰は、物資移動の幹線に密着していたか、或いは交通方法が推移して外れたかの条件に拠るとの考え方である。

入手しやすい宮崎市定の著作には、『東洋における素朴主義の民族と文明主義の社会』『科挙史』（以上平凡社東洋文庫）、『隋の煬帝《ようだい》』『大唐帝国』『宋と元』『科挙』『雍正帝』『水滸伝』『謎の七支刀』『西アジア遊記』『中国に学ぶ』『中国政治論集』（以上中公文庫）などがある。

安東次男『定本風狂始末芭蕉連句評釈』——ちくま学芸文庫

●英雄傑物でない男女の微妙な情愛を描き得る文芸

世界に類例を見ない我が国のみに成立した独自の文芸様式である俳諧の特色をなす視座の優しみを的確に指摘し、なかんずく『芭蕉七部集』（岩波文庫）の、他に替えがたい魅力を、心の底からの共感に基づいて記した評論の代表は柳田国男（『木綿以前の事』岩波文庫）であるから、以下にその「自序」を引用する。

「女と俳諧、この二つは何の関係も無いもののように、今までは考えられておりました。しかし古くから日本に伝わっている文学の中で、是ほど自由にまたさまざまな女性を、観察し描写し且つ同情したものは他にありません。女を問題とせぬ物語というものは昔も今も、捜して見出すほどしか無いと言われて居りますが、それは皆一流の佳人と才子、又は少くとも選抜せられた或男女の仲らいを叙《の》べたものでありました。之に反して俳諧は、何でも無い只の人、極度に平凡に生きて居る家刀自《いえとじ》、もっと進んでは乞食盗人の妻までを、俳諧であるが故に考えて見ようとして居るのであります。歴史には尼将軍、淀の方という類の婦人が、稀々には出て働いて居りました。国の幸福が之によって左右せられたこともありますが、斯ういう人たちを我仲間のうちと考えて、歴史に興味を抱くようになった女性の、少なかったのはまことに已むを得ません。振り返って後姿を眺めようとするような心持ちが、女と歴史とのすれちがいには起らなかったのであります。有りとあらゆる前代の人の身の上は、小説の中にすら皆は伝って居りません。それを俳諧だけが残りなく、見渡し採上げて咏歎しようとして居たのであります。女は通例自分たちの事を噂せられるのを、知らずに過ぎるということは無いものですが、奇妙に俳諧だけは冷淡視して居りました。其原因は御承知の如く、俳諧というものが連歌の法式を受継いで、初の表の六句では成るべく女性を問題とせず、特に恋愛は取扱わぬことにして居まして、そうして今日俳諧として観賞せられて居るのが、その又第一の句だけであったからであります。店先にはまじめくさった年輩の男たちばかり出入して居るのを見て、これは女などには用の無いところと、奥には何があるのかを覗いて見ようともせずに、素通りした人の多かったのも無理はありませんが、実はその暖簾の陰にこそ、紅紫とりどりの女の歴史が、画かれておったのであります。歴史にこの無数無名の二千年間の母や姉妹が見、黙って参与して居ったことを信ずる者は、之を説く為にも俳諧を引用しなければなりません。」

柳田国男が史上ほとんどはじめて強調したように、俳諧に唱われた女性の映像は、一読して忘れ得ぬほどひときわ艶やかである。試みに『冬の日』から引いてみよう。

わが庵は鷺に宿借すあたりて
　髪生やす間を忍ぶ身の程
偽りの辛しと乳を絞り捨て
　消えぬ卒都婆にすごすごと泣く（狂句古枯の歌仙・初折《しょおり》裏七～十句）
床更けて語れば従兄弟なる男
　縁さまたげの恨み残りし（初雪の歌仙・初折裏三～四句）
臈たけに物読む娘かしづきて
　灯籠ふたつに情くらぶる（霽《しぐれ》の歌仙・初折裏一～二句）

このように微妙な男女の情愛を描き得た文芸が他にあろうか。

ただし残念ながら、俳諧表現の陰影《ニュアンス》を解き明かすのに成功した注釈は少ない。私は教職にある時数年かけて七部集を講じ、近世期以来の夥しい注解を比較対照したが、そのほとんどは些事に拘わる近世学問に共通する通弊のため、題材に選ばれた事象の故事来歴と出典の考証に傾き、句から句への移りに込められた連想の感得力に乏しいのが常である。

晩年の歳月を費した遺著というので喧伝される『露伴評釈　芭蕉七部集』（昭和31年）にしても、博識ゆえの不必要な詮索が多く、殊に『猿蓑《さるみの》』以降の感興を、露伴は理解できなかったのではあるまいか。

ようやくにして安東次男が『芭蕉七部集評釈』正続（昭和48〜53年、正篇初版は奥付に刊記を欠く珍しい本である）において、一座の文芸的思考の流れと、句の発想が基づく思念と付合《つけあい》の呼吸とに分け入り、評釈そのものが文芸作品となる空前の達成を示した。安東次男はさらに稿を改めて三冊に分冊刊行し、それを圧縮したのが『定本　風狂始末芭蕉連句評釈』である。

しかし、謂わゆる俳諧学者にとっては、よほど目障りであるのか、白石悌三、上野洋三校注『芭蕉七部集』平成2年『新　日本古典文学大系』70）に付した「参考文献」一覧では、安東評釈がこの世に存在せぬかの如く黙殺している。

俳諧の評釈として読むに足るのは、柳田国男『俳諧評釈』（昭和22年、のち全集17）中村幸彦『宗因独吟《そういんどくぎん》俳諧百韻評釈』（平成元年）『此ほこり一夜四歌仙評釈』（昭和55年、のち著述集9）ぐらいであろう。殊に蕪村俳諧を代表する『このほとり』の評釈は、暉峻康隆の校注（昭和34年『日本古典文学大系』58）の、俳諧の何たるかを解せぬ無茶苦茶に耐えかねた根本的な検討である。

芭蕉の発句の評釈では、安東次男が『定本芭蕉』（筑摩叢書）を書いており、加藤楸邨の『芭蕉全句』上下（昭和53年）山本健吉の『芭蕉全発句』上下（昭和49年、のち全集6）も解りやすいであろう。また知られていないけれど、柴田宵曲が島田青峰の代作として書いた『芭蕉名句評釈』（昭和9年）が秀逸である。

芭蕉の全体像を最も簡約して描いたのも、同じく宵曲の（『芭蕉言行録』昭和15年、改題

『芭蕉』昭和17年、のち『柴田宵曲文集』2）であると私は評価する。

なお俳諧の分野では、志田義秀が『去来抄を疑ふ』（『俳文学の考察』昭和7年）に説いた如く、芭蕉本人の発言を確定しがたいけれど、広義に蕉門の共通認識として、その内容を吟味しながら、説くところの輪廓を想定すれば足りるであろう。

シュンペーター『経済分析の歴史』上中下――東畑精一・福岡正夫訳　岩波書店

●シュンペーターが厳密に規定した科学とは

カール・マルクスがロンドンのハイゲート墓地に葬られた一八一八年、その年に、のち二十世紀の経済学を荷なう二人の偉才が誕生した。すなわちウィーンのジョセフ・シュンペーターとロンドンのジョン・メイナード・ケインズである。両者はともに世界的な名声を得てライバルと目されたが、終生お互い相手の学説を評価せず仲が悪かった。

ケインズが『雇傭・利子及び貨幣の一般理論』（邦訳昭和16年）によって指導的地位に立ち、公共投資の拡大によって雇傭を増やし景気回復を目指す対策を提唱した時、シュンペーターは、ルイ十五世に寵愛され世界一の贅沢家であったポンパドゥル夫人が、金《かね》のばらまきで世の中が良くなると聞かされたらさぞ喜んだであろうと皮肉った。もっとも、ケインズが公務員のすべては清廉潔白で良心に基づき行動すると空想的に前提し、官僚の果てしない濫費と政界経済界の深刻な癒着によって、各国ひとしなみにとてつもない大きな政府が君臨するようになるとまでは予見できなかったであろう。

早熟のシュンペーターは、三十歳までに『理論経済学の本質と主要内容』『経済発展の理論』

（共に岩波文庫）、『経済学史』（岩波書店）を完成し、中でも、『発展』の動因を技術革新(イノベーション)に見出す理論は、一世を風靡するの観があった。

しかし、歴史とは形態と経験の年代順の継起である、しかるに、歴史的な広がりとパースペクティヴに欠けるというのが、ジャーナリストや経済学者や社会学者といった人たちの研究に往々にして見られる欠陥である、と観察するフェルナン・ブローデル（邦訳『歴史入門』平成7年）によって、シュンペーターが企業家をデウス・エクス・マキナ（救いの神）と見做すのは間違いである、と一蹴されている。

ベストセラーとなった『資本主義・社会主義・民主主義』（東洋経済新報社）における社会主義への感傷的な期待がお伽噺風の甘い幻想であった錯覚も含めて、シュンペーターの経済理論は悉く空しかった。けれどもただひとつ、フランツ・ボルケナウ（邦訳『封建的世界像から市民的世界像へ』みすず書房）に示唆を得たかと私なりに推定する遺稿『経済分析の歴史』だけは、広い意味での世界思想史を意図した壮大な試みとして、今なお教えられるところ大きいのではあるまいか。

社会科学や人文科学などの安易な呼び名が乱用され、文部科学省の官僚たちによって制度化の標目にさえなっている愚かしい現代、科学、という呼称をシュンペーターがどれほど厳密に規定しているか、その出発点に襟を正して学ぶべきであろう。曰く、科学とは、常にそれ自体を改善しようとする意識的な努力の対象となっている一切の種類の知識を言う。また曰く、科学とは、事実を発見し、それを解釈し、そこから推理（分析）する、専門化された研究技術を進展させてきた一切の知識分野を言う。この適正な定義の内法に照らして見れば、学統や師承や踏襲や同臭や学派や閥族や党是に縋《すが》る処世の術であった、我が国における自然科学以外のアカデミズムは、少なくとも改善と進展とを容易には許さない結社の運営にすぎなかったと見て取れる。

さらには我が国で信者の多いマックス・ウェーバー（邦訳『プロテスタンティズムの倫理と資本主義の精神』岩波文庫）の観念遊戯を批判する方向で、シュンペーターは次のように説く。封建的経済世界を、それとは全く異なった資本主義的経済世界に転形しうるためには、人々が何か新しい考え方を抱かねばならなかった筈であるという意味での、資本主義の新精神なるものは存在しなかった。純粋な封建制度も純粋な資本主義も、ともにわれわれの心の中に造られた非現実的なものである。

封建時代の社会には、資本主義時代の社会のあらゆる萌芽がすでに含まれていた。これらの萌芽は緩慢な速度で発育し、そのそれぞれのステップがそれに応ずる方途を教えつつ、資本主義的な方法と資本主義的な「精神」とを少しずつ積み増していったのである。同様にして、新しく説明を要するような自由探究の新精神の出現などというものもなかった。中世のスコラ科学はルネサンスの教会外科学のあらゆる萌芽を包含していた。そしてこれらの萌芽は、スコラ思想体系の中で、緩慢にではあるが着実に成長したので、一六、一七世紀の教会外のものは、スコラ学者の仕事を破壊したというよりもむしろ継続したのである。

カトリック教会の権威は、決して今までに言われてきているような自由研究に対する絶対的障害ではなかった。この事実とは反対の印象が広まっているのは、ごく最近に至るまで、世界が、不条理な嫌悪や不当に脚色された個々の事件によって吹き込まれた教会への敵対者たちの証言を、そのまま安んじて容認してきたという事実に拠るものである。

むしろ理論構成の本来あるべき方法思考の性格を忘れて、「理想的な」封建人と「理想的な」資本主義人とを対比させる時には、一から他への移行ということについては、歴史的事実の範囲内には何の対応物をも持っていないという一つの問題がもたらされる。

不幸にしてマックス・ウェーバーは、理想型を想定するという方法の濫用以外には何の基礎をも持っていない或る考え方に、彼の大きな権威の重みを貸し与えた。したがって彼は、歴史的な細目に充分な注意を払えば自明のものとなるような一つの課程にも、理念による説明を打ち立てようと企てた。この種の理論構成に対する反対論の成立はあまりにも明白である。それよりもっと重要なのは、これに含まれている基礎的な方法論的誤謬を看破することである。

ちなみに、ウェーバーが自説を強引に押し出すため、原典資料を改竄し捏造している隠された内情を羽入辰郎（『マックス・ウェーバーの犯罪』平成14年）が完璧に立証した。

小松英雄『みそひと文字の抒情詩』——笠間書院

●古今集解釈の扉を開く眼からウロコの新説

貫之《つらゆき》は下手な歌よみにて古今集はくだらぬ集に有之候（明治31年2月14日、『歌よみに与ふる書』岩波文庫）と、平安朝以来、和歌の典範として尊崇されてきた古今集の権威を一挙に覆えす爆弾宣言により、それから現在に至る古今集貶斥《へんせき》の伝統を確立したのが若き正岡子規である。そこで、先人の説を定説と認めてそれに乗っかるのを常習とする和辻哲郎は、古今集の巻頭歌を、集中の最も愚劣な歌の一つ（大正11年8月、『日本精神史研究』岩波文庫）、と扱《こ》き下ろした。

短歌俳句革新の情熱に燃え、宿痾のため現代風に言うと生き急いだ観のある子規にとって、勅撰和歌集の記念すべき創始である古今集の劈頭《へきとう》に、なにゆえこの一首が選ばれ置かれたか、その意味内容を歴史に遡って吟味する心の余裕がなかったと察せられる。

紀貫之によって書き加えられた仮名序に、やまとうたは、ひとの心を種として、よろづの言の葉とぞなれりける、と和歌伝統の由来を説き、重ねて、力をも入れずして天地を動かし、目に見えぬ鬼神をもあはれと思はせ、男女の仲をも和らげ、猛き武人《もののふ》の心をも慰むるは歌なり、とまで、和歌の価値と効能を謳いあげた貫之が、この歌を巻頭に置くほど高く評価した判定の基準は何であったか。この核心に迫った思案をめぐらせた人は今までにいなかった。

問題の巻頭歌、つまり、現今に通用する表記に従うとして、

年の内に春は来にけり一年《ひととせ》を去年《こぞ》とやいはむ今年とはいはむ

この歌における表現方法および作品の魅力を、これまでの注釈書すべてが解明していないのを見届け愕然とした小松英雄は『やまとうた』（平成6年）を著して古今集に独特の表記方式を説いた。しかるに片桐洋一の『古今和歌集全評釈』上中下（平成10年）でもあっさり黙殺されているのに慨然としたゆえでもあろうか、重ねて『みそひと文字の抒情詩』（平成16年）を刊行した。

小松英雄による解釈の視座に従えば、今までの注釈書悉くが存在理由を失い既得の利権が消え失せるから、これからも学界人種は素知らぬ顔で守りを固め黙殺を続けるであろう。今はすべてを成心なき一般読者の判断に委ねるしかない。

小松英雄が読みを深めた末、見抜いた古今集に独自の表現手法は次の如くである。『元暦《げんりゃく》萬葉集』（昭和3年複製）巻第十四以後には、奈都素妣久宇奈美我多乃能於伎都渚尓布《なつそびくうなみがたのおきつすにふ》祢波等杼米牟佐欲布気尓家利《ねはとどめむさよふけにけり》、のように、大和言葉の三十一文字が漢字三十一字による一字一音の置き換えが用いられていたけれど、一転して古今集では悉く平仮名の表記で通貫してい

る。以後、平安時代の和歌は仮名だけで記された。特に忘れてならないのは平安初期成立の平仮名と片仮名が、清音と濁音とを書き分けない文字体系であった事実である。和歌は仮名だけで書かれ、そのかたちで読まれる伝達を前提としていた。その仮名連鎖は、文字体系として定まっている仮名表現の、その特性を利用する工夫へと赴かせる。

　奥山《おくやま》に紅葉《もみち》ふみ分《わ》け鳴《な》く鹿《しか》の声《こゑ》聞《き》くときそ秋は悲しき

ここに傍訓とした仮名のみが古今集の表記であった。そこで、鹿が踏み分けるのか人が踏み分けるのか、古来、注釈書の見方が分かれてきた。この表現を現代人の観点からは、次に示す二通りに切る解析が可能である。

（主語＝鹿）奥山に、紅葉ふみ分け鳴く鹿の、声聞くときぞ、秋は悲しき

（主語＝人）奥山に紅葉ふみ分け、鳴く鹿の、声聞くときぞ、秋は悲しき

和歌を単線構造として読んだのでは、二つの異なる表現解析が対立のままに終る。しかし、この和歌では、二つの和歌がみそひともじに綯《な》いまぜになっており、二首が一首に仕立てあげられている、と解し得るところに、表現技法の独創性が認められる。「奥山に・紅葉ふみ分け鳴く鹿の」という一つの和歌に、「奥山に紅葉ふみ分け・鳴く鹿の」と歌うもう一つの和歌を重ねて読めば、奥山で紅葉を踏み分けながら鳴いている鹿の声を人もまた紅葉を踏み分けながら聞き、鹿の悲しげな鳴き声に触発されて、人も秋の季節の悲しさをしみじみと味わってい

る、という情景が合成されてゆく仕掛けである。

すなわち、古今集の和歌を〈七五調〉とか〈五七調〉とかいう枠づけで捉えてはならぬ。なぜなら、そのような概念は、平安朝もようやく末期になって、古今集では複線構造であった歌風が、単線構造に移行してから、その時期に形成された後世の概念に立脚するからである。斎藤茂吉が「短歌に於ける四三調の結句」（明治42年、全集11）を論じている時、短歌の複線構造など全く念頭になかったに違いない。

花《はな》の色《いろ》は移《うつ》りにけりないたづ《つ》らに我《わ》が《か》身《み》世《よ》にふるなが《か》めせしまに。

この場合も、〈むなしく〉という意味の第三句「いたづらに」が、「花の色はいたづらに移りにけりな」という表現の倒置であるのか、あるいは、「いたづらに我が身よにふる」と下に続いているのか、注釈書の見解が分かれている。下に続いているとしても、「いたづらに（略）ふるのか」、「いたづらにながめせし（間に）」なのかが問題になるから、「奥山に」の和歌よりも選択肢の数がいっそう多い。

この和歌の場合にも、どれか一つのつもりでこのように表現されている筈だしたがって、正しい選択肢は一つしかない——という前提は捨てなければならない。この「いたづらに」は、先行する二句との関係において倒置法になっており、その上、第四句の「ふる」にも、第五句の「ながめせし」にもかかっている。前にも後にも自然に結びつくことができるように、「いたづらに」は第三句に置かれている。

いたづらに移りにけりな花の色は我が身世にふるながめせしまに。

もし倒置という立場をとるなら、このように入れ換えても同じことになるであろう。しかし、これでは、「いたづらに」が「移りにけりな」にしかかからないし、「花の色は」を倒置したことによる表現効果も評価できない。また、第三句が第四句以下に結びつくこともない。この事実から知られるように、複線構造による多重表現にとって、第三句こそカナメに当るのであって、第三句をどのように生かすかは作者の手腕にかかっている。

以下さらに著者は詳説を重ねてゆく。仮名連鎖がどちらかあるいはいくつかの意味にも受けとれる場合には、ほとんどが作者によって意図された多重表現であると見做される。このような平安初期に組み立てられた和歌の基本構造を、時代が隔ったゆえに理解できなかった藤原定家によって単線構造に読み替えた解釈の枠組みが、現在まで連綿と継承されるに至った。

定家が中世の制約を受けて施した一寸見には合理主義と見紛う解釈の方式は、実際のところ実在の姿かたちを変形させる歪んだ鏡面である。平安朝の物語を後世に伝えた偉大な功労者として力を致すところ決定的に大きかった定家が、実は定家我流の仮名遣いに基づいて王朝の語法を改変したのと同じ事情が見出せよう。

それゆえ、平安末期以来の古注をせっせと蒐め、そこから解釈の原姿を想定しようとする近年の検討はほとんど意味を持たない。時代の好尚に偏った往昔の理解は、歴史的な資料ではあっても、古典の製作現場を示唆しないのである。

ミハイル・バフチンが『ドストエフスキーの詩学』（本邦初訳昭和43年、新訳ちくま学芸文庫）で、ポリフォニーと呼ぶ革新的な小説技法の洞察に基づき、それまで複雑な思想の迷路と畏れられていた陀斯妥夫斯基《ドストエフスキー》の創作方法をはじめて解明したのにも似て、小松英雄は古今集解釈の扉を開く親鍵《マスターキー》を手に入れたのである。

さて問題の劈頭歌に戻る。古年に春立ちける日詠める、と詞書《ことばがき》を置いたこの歌、年の内に春は来にけり一年を去年とや言はむ今年とや言はむ。本居宣長は『古今集遠鏡《とおかがみ》』（全集3）に、詞書を無視して、年内ニ春ガ来タワイ、コレテハ、同ジ年ノ内ヲ去年ト云ウタモノデアラウカ、ヤッハリ、コトシト云ウタモノデアラウカ、と俗言に訳した。原歌「春は」がここでは「春ガ」に置き換えられている。小学唱歌「春が来た」を「春は来た」と言い替えたら、表現の含みがたちまち変質するではないか、和歌に限らず文芸で大切なのは、〈何を指しているか〉ではなく、それを〈どのように指しているか〉なのである。

「春は来にけり」もまた〈春は確かに来ている、それなのに、アレがまだ来ていない〉という思いを伝える語法なのだ。そして、この和歌の場合、アレが何を意味しているのかは、当時の人たちなら容易に特定できた筈である。

そこで現代的な比喩を小松英雄は持ち出す。念願の大学に合格し、入学手続を済ませれば気持ちは大学生である。しかし、四月一日の入学式まで無条件に大学生とは名乗りにくい。しかし高校の卒業式は終っているから高校生とも名乗りにくい。それゆえ月が変わるまで、「高校生とや言はむ、大学生とや言はむ」という落ちつかない気持ちで過ごさなければならない。

こういう事例を念頭に置いて、「年の内に」の和歌を読むなら、仮名序に言う「ひとの心」が伝わってくるであろう。「年の内に」という字余り句で韻文のリズムを最初から渋滞させる措置によって、一方の条件が早ばやと満たされていることを強調し、第三句以下の表現をいっそう切実に印象づけている表現機構に小松英雄は注目する。

家屋構造も今日とは比較にならず、暖をとる設備も貧弱であった平安初期の人たちにとって、冬は苦しく侘びしい季節であった。木枯らしが吹きすさび、雪の降り積もる毎日の中で、待ち望まれるのは、明るく暖い春の訪れであった。暦を見ては冬の終わりを待ち続けたであろう。

暦、さよう、暦が日常生活を律していた、歳時記を思い起こそう。旧暦では元旦に前後して立春があった。十二月中に立春が来ることを、年内立春、と言う。和歌では年内立春は、春、であるが、俳諧では、冬、とされている。

立春だから、もう春だ、「うぐひす」が鳴き、春雨に若葉が芽ぶく。そういう季節が到来している。しかし、春は来たのに新年がまだ来ていないから、厳密にはまだ去年なのだろうか。そうだとしたら、新年まで待たなければ新たな気持ちになれない。しかし、暦では春になったのだから、これからの数日も新しい年に繰り入れてよいのかもしれない。新年さえ来れば手放しで喜べるのだから早く年が明けてほしい。これが歌の表現する意味である。

一言に要約すれば、新年の到来を待ち侘びる心の素直な発露である。「去年とやいはむ今年とやいはむ」という表現は、暦を飛び越して──というよりも、そのように巧みに表現することによって──、心を新年の側に置いていることを意味している。詞書に「古年」とあるのは、この和歌を「春」への前奏曲《プレリュード》として位置づけて「春」部の冒頭に据え、春の側からそのように見做した指示である。

無理解の背後には、近代人の傲慢さがある。もし、どの時代の人たちも繊細で豊かな感性をそなえていた筈だという前提に立ち、古代文化の達成に対する畏敬の念を忘れなかったなら、われわれの文化遺産はもっと細やかに読みとり得たに違いない。古典の解読は今後もますます研究が進み、より豊かな感性をわれわれの内に育ててくれるであろう。

あとがき

出版社の成長発展を期する編集者は欲が深い。できるだけ読者に解りやすいようにと、刊行する書物の組み立てに工夫を重ねる。その燃えるような熱意のほとばしるあまり、このように書け、あのように記せ、と著者を責めたてる勢いはまた格別である。

この本の企画編集者もまたそのうちのおひとりで、できるなら、書物の冒頭に、谷沢にとって読書とは、という風に、一節を置くことはできないか、と提案された。

しかし折角ながら、私はそういう類いの記述、つまり校長先生が朝礼で訓示するような、ちょっと気張った語り口を好まないのである。その理由をかいつまんで記すとしよう。

昭和十七年初頭、田中菊雄の『現代読書法』が評判になった。それにつられてか、同じ年に三木清が『読書と人生』を書き、赤木健介（実名・赤羽寿、別名・伊豆公夫、日本評論社の編集者であるため筆名を用いた）の『読書案内』も刊行され、ちょっとしたブームだったようである。私は『現代読書法』を読みかけたが途中でやめた。

著者は独学力行、山形高校教諭となり、『岩波英和辞典』（昭和11年）の編集にも加わった。つまり相当な勉強家なのである。この型《タイプ》の人と私は気が合わない。

勉強、とは、すなわち、せねばならぬ、と自分を強制する意志力に支えられた行為である。一方、私は生まれてから七十七歳の今まで、勉強、という姿勢をとったことがない。しようと思ってもできないのである。小学校ではもちろん勉強は不要である。中学校へ入って勉強せんならんとなった時、自分には強いられた勉強は到達できない性質《たち》なのだと悟った。以後、大学を出るまで十年間、私は一貫して勉強を放棄した。したがって成績はずっと低空飛行である。当り前であろう。そして私は手当り次第の雑読乱読をはじめた。

記憶力、というのが、覚えようと努めて覚える能力であるとすれば、私には記憶力がない。覚えようとしても覚えられないのである。しかし、興味を覚えた事柄だけは自然と頭に入って消えない。私はそういう風に生まれついているのだ。

それからの私は、他人は他人、自分は自分、と割りきって月日を過ごした。したがって、もし私にも私なりの読書法があるとすれば、それは劣等生の読書法である。劣等生には自分の生き方を世間の人様に向かって説く資格がない。それゆえ我流を披露することをやめたのである。また、年齢別に整えた各章のはじめに、十五歳なら十五歳前後の若い人たちに、なぜ以下の書物を勧めるのか、その理由を簡単に記してはどうか、という御提案もあった。けれどもこれまた私は辞退した。説明する手立てが見出せないゆえである。

私は他人《ひと》から勧められて、言われるままにほいほいと本を読みにかかった経験がない。他人に指図されるのを好まない我侭《わがまま》者である。或る書物と自分との出会いは、私の身の上にだけ起こる事件である。一冊の本を誰もが同じ気持ちで読むことはできない。したがって、そもそも、読書の勧め、なんて、余計なお節介なのである。貴方は貴方、お互い勝手に気の向くまま、読むか読まぬかは自分ひとりの勝手であろう。

私はずっと劣等生で通したから、勉強にいそしむ学校秀才を遠目に眺めながら、あの人たちは一体何のために勉強しているのだろうと不思議に思った。私が雑書漁りを心から楽しんでいるような、楽しみ喜びの気分で彼らが勉強しているのでないことは聞かないでもわかる。あの人たちは、自分を強制し、辛い苦しい作業に没頭しているのだ。一体何のためであろうか。人の上に立ちたいからである。高い地位へよじのぼって利権を掌中に収め、威張って生きたいからである。最も豊かな利権を握れる上層官僚になりたいからであるかもしれない。会社の社長も社員も、世の人のために何かを作り出す。しかし官僚は何物をも産み出さず、国民が納めた税金から暗闇でこっそり懐に入れるだけである。嗚呼、あの人たちは同朋から絞りあげて満足するため、今は必死になって勉強しているのだ、と劣等生の私は小手をかざして見ていたものである。以上の理由で、私が具体例以外の抽象的な概説を避けた気持ちを御理解いただきたい。

悩みの9割は読書が解決してくれる

著　者　谷沢　永一
発行者　真船美保子
発行所　KK ロングセラーズ
東京都新宿区高田馬場 2-1-2　〒 169-0075
電話（03）3204-5161(代)　振替 00120-7-145737
http://www.kklong.co.jp
印　刷　中央精版印刷（株）　製　本　(株)難波製本

落丁・乱丁はお取り替えいたします。
※定価と発行日はカバーに表示してあります。
ISBN978-4-8454-5018-3　C0295　Printed In Japan 2017